Sommario

PNL

1. L'ABC della Programmazione Neuro Linguistica: tutti i segreti per sfruttarla a tuo favore!

La PNL, acronimo di Programmazione Neuro Linguistica, è uno tra i metodi di self-improving e consueling maggiormente utilizzati e conosciuti al mondo. Si tratta di un validissimo metodo, sostenuto da infinite tesi a favore, che consente di "riprogrammare" il linguaggio della mente al fine di ottenere miglioramenti della qualità della vita o semplicemente di alcuni ambiti specifici, come lo sport o il business. Sebbene non venga riconosciuta come terapia "ufficiale", la PNL trova eccellenti riscontri sin dai suoi albori.

Il perpetrarsi di utilizzatori dei suoi metodi e la nascita, sempre crescente, di nuovi centri didattici in grado di formare coach e pratictioner, è evidente indice sia di funzionamento delle tecniche che di elevata richiesta da parte del mercato.

La PNL, se praticata nella maniera corretta, è realmente in grado di fungere da supporto in fase di crescita e sviluppo personali. È utile sia nelle fasi iniziali del percorso che dopo anni dall'apprendimento delle principali tecniche, dal momento che finisce con il diventare un meccanismo "automatico" che viene assorbito dalla mente e sfruttato in maniera immediata quando necessario.

La PNL viene utilizzata da terapeuti e life coach, ma anche da grandi dirigenti e da formatori aziendali. E' suddivisa in infinite sotto-aree, motivo per il quale esistono sia figure in grado di conoscerne i meccanismi a 360° che figure che possono applicarla e sfruttarla soltanto in determinati settori, per i quali sono stati per l'appunto formati.

Per insegnare e guidare nuove persone all'interno del linguaggio della PNL è infatti necessario aver frequentato uno o più corsi qualificanti, per poter diventare praticioner, master pratictioner, consuleor o trainer.

I corsi vengono tenuti da scuole private e, sebbene la PNL venga utilizzata anche in campo psicoterapeutico da numerosi terapeuti, essa non abilita allo svolgimento della psicoterapia (per la quale bisogna essere laureati e iscritti all'albo). Può tuttavia fungere da valida strategia per terapeuti regolarmente praticanti, che possono sfruttarla al fine di migliorare la qualità della vita dei propri pazienti.

A livello di qualifica vi sono alcune piccole differenziazioni tra i diplomi italiani e quelli americani. Per ottenere entrambe le certificazioni è consigliabile rivolgersi a scuole altamente accreditate.

I livelli di qualifica sono numerosi e di questi parleremo meglio tra poco, ma vi basti sapere che, oltre ai livelli di qualifica di base, è possibile seguire dei micro-corsi specializzanti in grado di formare l'individuo sulla PNL settoriale, ovvero quella necessaria semplicemente per alcune aree del quotidiano, come il lavoro.

La Programmazione Neuro Linguistica rappresenta un vero e proprio punto di partenza per lo sviluppo di nuove abilità mentali. Non va vista come un qualcosa che viaggia a compartimenti stagni e, anche quando applicata in maniera molto settoriale (ai fini di migliorare le prestazioni lavorative o sportive) va necessariamente de-contestualizzata. Le tecniche, apprese durante i mini-corsi organizzati dal proprio datore di lavoro o dalla scuola/università della quale si fa parte, o perché no, apprese online, non vanno mai viste come un qualcosa di applicabile esclusivamente a quello/quegli ambiti.

La PNL rappresenta uno strumento potentissimo che può essere sfruttato a 360° in ogni momento della propria giornata. Vedremo meglio il perché tra poco, spiegando con precisione a cosa si riferisce l'acronico "PNL" e cosa prevedono i pilastri di base di questo metodo ormai consolidatissimo in tutto il mondo.

La PNL è fatta per abbattere i limiti autoimposti dalla mente. Per distruggere le vecchie credenze e riacquisire la giusta dose di fiducia nelle proprie capacità e qualità, senza mettere mai da parte il realismo e la logica ma imparando, anzi, a darsi la carica e mettere in moto tutti gli strumenti a propria disposizione, così da migliorare la qualità globale della vita e ritornare al timone della propria nave.

Non possiamo proporre questo ebook come se fosse un "corso" di PNL: i corsi di PNL vengono tenuti da trainer qualificati e da scuole specializzate. Ma possiamo sicuramente fornirvi tutte le informazioni necessarie a comprendere se la PNL fa per voi, a capirne i meccanismi di base e, perché no, ad approfondirne l'utilizzo in determinati settori specifici.

• Che cos'è la PNL? Acronimo e breve disamina del termine

PNL è l'acronimo Programmazione Neuro Linguistica. La PNL è una strategia per il miglioramento della qualità della vita a 360° ed è a tutti gli effetti un marchio registrato. In inglese è conosciuta con il nome di NLP, ovvero Neuro-Linguistic Programming. Come il termine stesso suggerisce, la PNL prevede una correlazione diretta tra parole, azioni e pensieri. Per spiegarla in maniera molto semplificata, ciò che la PNL propone è una riprogrammazione mentale. La PNL ha come compito quello di consentire al soggetto che ne apprende le tecniche di attivare una sorta di meccanismo di auto-aiuto che consenta di infrangere le barriere mentali e le auto-limitazioni e che consenta, sostituendo le parole con le quali la mente notoriamente pensa (prima di fare) per modificare così i livelli inconsci.

In sostanza, ciò che la PNL fa è insegnare al soggetto che decide di apprenderne le tecniche tutta una serie di schemi linguistici con i quali insegnare alla propria mente nuove strategie. Ecco dunque che il "credo di riuscirci" diventerà un "mi impegnerò per farlo" o un "so che posso". Sembrerà una banalità, ma ciò di cui i sostenitori della PNL sono ampliamente convinti è che la mente faccia estrema difficoltà nel distinguere il conscio dall'inconscio. Se do al mio corpo e alla mia mente l'ordine di eseguire determinate azioni o compiti rivolgendomi ad essa con termini e frasi tendenzialmente negative o svalutanti, otterrò risultati mediocri. Se invece imparo a rivolgermi al mio inconscio in maniera positiva, infondendole autostima e sicurezza, otterrò risultati soddisfacenti pur avendo le stesse identiche capacità che avevo il giorno precedente.

Ciò che cambia, con la PNL, non è dunque la qualità delle abilità in possesso dei soggetti, ma il loro modo di rileggerle e sfruttarle. Un "brutto" non diventerà mai "bello"; ma ciò che è certo è che finché la sua mente sarà convinta che non avrà mai successo con le donne, o in comitiva, a causa del suo aspetto fisico, di sicuro questo non arriverà mai. Se invece la mente riceverà frasi e affermazioni in grado di favorire il miglioramento dell'autostima, la persona apparirà immediatamente più aperta al dialogo, piacevole e attraente. Rivelerà la sua reale natura e riuscirà ad esprimere il proprio potenziale a pieno, senza che questo venga frenato da inibizioni, imbarazzo e timidezza.

Quanti personaggi, soprattutto famosi, conoscete, che non sono per nulla "belli" (almeno a livello soggettivo) ma che riscuotono un enorme successo tra le donne e appaiono tuttavia attraenti nel complesso? Siamo sicuri che ve ne verranno in mente moltissimi.

Il segreto è proprio dato dall'asset mentale, che può fare sicuramente la differenza.

Lo stesso vale in campi come lo sviluppo personale, il lavoro, il successo o lo sport.

La PNL trova terreno fertile in ogni settore e può essere applicata e cucita ad hoc su infinite situazioni differenti con eccellenti risultati, ma di questo parleremo meglio tra poco!

> La PNL nasce dall'idea e dagli studi di Richard Bandler e John Grinder, importanti sociologi dell'Università della California, localizzata in quel di Santa Cruz. I primi passi verso lo sviluppo della PNL (che è stata letteralmente "creata" da questi due studiosi, dal momento che fino ad allora non esisteva né tantomeno possedeva un nome proprio),

avvennero a cavallo tra gli anni sessanta e gli anni settanta.

Il tutto nacque dall'idea di comprendere il perché del successo indiscusso di alcuni celebri terapeuti americani, tra i quali Gestalt Fritz Perls e Milton H. Erickson, famosissimo ipnologo.

La questione era semplice: perché alcuni terapeuti collezionano insuccessi su insuccessi, pur trattando casi clinici relativamente leggeri, mentre altri riescono a guarire completamente patologie mentali di importanza clinica rilevante?

I due sociologi concordarono sul fatto che, ad un'attenta osservazione, tutti i terapeuti di successo finivano per ricalcare un modello comportamentale e comunicativo "simile", che era tuttavia completamente differente dal modello (o dai modelli) ricalcati/seguiti dai terapeuti fallimentari.

Ecco dunque che si dedicarono a studiare attentamente tutto ciò che riguardava gli aspetti comunicativi; dal linguaggio del corpo alla comunicazione non verbale delle espressioni e microespressioni facciali.

➢ Negli anni 80 lo sviluppo della PNL subì una deframmentazione notevole: Bandler diedero vita ad una vera e propria lotta per l'appropriazione della scoperta, e finirono per dividersi. La PNL iniziò a divenire dunque oggetto di studio di numerosi sociologi e terapeuti, che finirono con il far nascere nuovi filoni di pensiero e modalità di applicazione: c'era chi applicava la PNL esclusivamente al marketing, chi la vedeva come strumento di consueling e chi, ancora, la sfruttava in campo psicoterapico ma alterandone alcuni principi di base. Insomma: la PNL aveva ormai causato un vero proprio "BOOM" di interessamenti, peccato che non durò molto. Alla fine degli anni 80 a Bandler venne revocata la cattedra universitaria per abusi di alcol e per una brutta questione legata alla prostituzione. Nonostante qualche anno dopo venne dichiarato innocente e riottenne il posto, la fama della PNL andò via via scemando, almeno per qualche anno.

> Nel 1996 Bandler riuscì a rivendicare, per mezzo di una lunghissima causa legale, la proprietà intellettuale della PNL. Scatenò tuttavia una serie infinita di critiche, dal momento che i numerosi filoni di pensiero che si erano sviluppati nel corso degli anni

e la mancanza di linee guida comuni rendevano la PNL più un qualcosa di generico che una proprietà intellettuale a sé stante. Negli anni 90, in America, la PNL era talmente tanto diffusa e frammentata da essere proposta come panacea da tutti i mali. Questo spinse i maggiori studiosi della materia ad abbandonare le questioni di marketing e dedicarsi maggiormente alle questioni scientifiche, per correggere alcune lacune e restituire alla PNL un'immagine più limpida e fondata su basi solide.

> Nel 2001 tutte le controversie legali della coppia Bandler/Grinder giunsero a conclusione. Entrambi vennero riconosciuti come co-fondatori della PNL e la PNL divenne ufficialmente un marchio registrato. Il riconoscimento a livello statale diede vita a nuovi corsi e nuovi livelli di training. La formazione, che ai tempi richiedeva 20 giorni in totale, può oggi richiedere da un minimo di 4/5 giorni ad un massimo di 9 mesi,

necessari per raggiungere il livello più alto di certificazione. Ad oggi, la certificazione americana rimane quella più valida. Chiunque può studiare e formarsi in Italia ed ottenere un diploma italiano, ma per essere riconosciuto a livello internazionale deve recarsi presso un istituto serio che gli consenta di prepararsi per l'esame in lingua inglese e sostenerlo.

Se la PNL sia affidabile o meno, non ci è dato saperlo.

La scienza propone pareri del tutto contrastanti in merito e, un po' come tutte le pseudoscienze o le forme di terapia alternative, la PNL continua tutt'oggi a "spaccare in due" l'opinione dei grandi studiosi. C'è chi la sostiene fermamente e chi, invece, la denigra tacciandola di inutilità. Quello che possiamo affermare con grande sicurezza è che, tuttavia, la PNL non ha smesso di "crescere" nel corso degli anni, e di reclutare un numero sempre maggiore di nuovi interessati, sfornando pratictioner e consuelor di giorno in giorno.

Purtroppo non è stata ancora riconosciuta come scienza ufficiale ed è considerata a tutti gli effetti come pseudoscienza. Funziona moltissimo in alcune situazioni e un po' meno in altre. Riesce a fare parecchia presa su determinati soggetti e lasciarne, invece, totalmente indifferenti altri. Quello che è sicuro è che come ogni forma di terapia/approccio di coaching, la differenza principale la fanno sia il trainer/terapeuta che il soggetto al quale viene proposta. Per un semplice fatto legato alle differenze soggettive che ognuno di noi presenta nel raccogliere informazioni, effettuare decisioni e "muovere i propri passi nel mondo"; ci saranno sempre soggetti che risponderanno meglio alla PNL, soggetti che risponderanno un po' e soggetti che non risponderanno affatto.

Ma perché l'opinione scientifica vede così di cattivo occhio la PNL, nonostante la stessa sia conosciuta (e apprezzata) da terapeuti e pazienti in tutto il mondo? Il motivo in realtà è parecchio semplice: la PNL non è fondata su prove scientifiche tangibili.

Sebbene i pilastri della PNL stessa siano un continuum di tesi che toccano ambiti come la neurologia e la psicologia, le stesse tesi non sono rimostrabili in alcun testo ufficiale o accreditato. Sembrerebbe, dunque, che gli autori abbiano fatto un po' un "copia e incolla" di numerose teorie lette qua e là, sfruttando a loro favore l'ignoranza (bonaria) che la stragrande maggioranza della popolazione ha circa determinati argomenti, prettamente a carattere medico/scientifico.

Aggiungiamoci poi che alcune tra le più grandi figure del mondo PNL hanno avuto a che fare con ambienti esoterici e abbracciano teorie strambe, ed ecco fatta la frittata. La PNL è dunque sicura? Non lo sappiamo. Quello che sappiamo è, tuttavia, che ogni metodo è valido se porta dal punto A al punto B senza arrecare danno a persone o cose. Vale la pena provare, dunque? Probabilmente sì. Se non altro ad informarsi e testare qualche escamotage della PNL così da verificare con i propri occhi se, su di sé o su qualcuno di molto vicino, questi riesce a condurre ai risultati sperati.

Sulla validità scientifica ci riserbiamo dunque il diritto di non commentare, ma ci teniamo anche a tener presente il fatto che, alcune tipologie di medicina ad oggi regolarmente riconosciute dai maggiori stati (come l'agopuntura) erano state, in passato, tacciate di scarsa validità proprio come la PNL stessa.

Non volendo fare analogie affrettate, riteniamo comunque utile un reminder così da consentirvi di mettervi in gioco, senza pregiudizio alcuno.

I sostenitori della PNL si sono spesso chiesti quali fossero i meccanismi in grado di far funzionare le tecniche base della Programmazione Neuro Linguistica. Non avendo particolari fondamenti scientifici, ci si è anche chiesti se non vi fosse, alla base del successo stesso di tale metodo, anche un forte effetto placebo dello stesso. Il placebo è, a tutti gli effetti, la "non-medicina" più studiata al mondo.

Per placebo si intende la capacità dell'organismo (o della mente) di reagire positivamente, guarendo da un problema o comunque alleviandone di molto i fastidi, a un farmaco inerte, privo di principio attivo. Per verificare la validità dei farmaci appena immessi in commercio, o delle vecchie terapie dall'efficacia dubbia, le stesse vengono sempre messe a confronto con il farmaco placebo di turno, in studi in doppio cieco che riescano a provare l'efficacia di uno e dell'altro metodo di cura. Per "doppio cieco" si intende un trial di prova del farmaco nel quale né i medici né il paziente hanno idea dell'essere capitati, o meno, nel gruppo di persone alle quali si sta somministrando il farmaco attivo o nel gruppo di persone selezionate per la prova placebo.

La PNL potrebbe riuscire a migliorare la vita degli individui che la sfruttano come mezzo terapeutico proprio per una questione "placebo": tanta sarebbe la soggezione e il credere fermamente nella terapia, da convincere il soggetto della sua efficacia e spingerlo ad intraprendere una serie di azioni in grado di modificare la qualità delle proprie giornate, in maniera volontaria.

Questa tesi potrebbe sembrare valida, di primo acchito, ma vanno fatte alcune importanti considerazioni.

Se da un lato tutto ciò potrebbe rapidamente spiegare il perché tale terapia sembri non "attecchire" su determinati soggetti (magari poiché più scettici, o semplicemente meno convinti della sua efficacia), dall'altro lo stesso discorso andrebbe fatto per la maggior parte delle terapie psicoterapiche attualmente in vigore e regolarmente riconosciute dalle leggi italiane, europee o mondiali.

Nessuno ci dice, ad esempio, che anche la celebre terapia "cognitivo-comportamentale" non basi tutta la sua fama proprio sui meccanismi placebo. Alla fin fine, la stessa, non fa altro che smontare alcune convinzioni errate del paziente per poi fornire nuovi strumenti per affrontare le giornate o le situazioni in maniera differente, rovesciando il risultato delle azioni intraprese.

Molti soggetti risultano essere, in effetti, tanto "immuni" alla PNL quanto immuni alla terapia cognitivo comportamentale o ad altri metodi di analisi.

Purtroppo la mente di ognuno di noi è davvero un "parlamento a sé". Pensare di ottenere su tutti lo stesso risultato seguendo la stessa strada è errato, ed è altrettanto errato supporre che possa esistere una terapia valida su tutti che, soltanto perché riconosciuta a livello legale, sia realmente in grado di fungere da panacea per ogni male. Gli stessi farmaci, che sono comunque molecole chimiche che agiscono a livello interno, risultano produrre su alcuni soggetti (circa il 10%) il cosiddetto "effetto collaterale paradosso", ovvero agitano anziché calmare.

La PNL funziona dunque per via dell'effetto placebo? Forse sì, ma se è sì, lo è come per ogni altra terapia attualmente esistente.

2. La PNL: campi d'applicazione

Tutti i campi d'applicazione della PNL: dalla psicologia al Marketing

La PNL, come già specificato nei paragrafi precedenti, può essere applicata ad una serie infinita di campi differenti. I campi principali d'applicazione della PNL sono sicuramente i seguenti:

- ➤ Psicoterapia
- ➤ Leadership

- ➢ Marketing
- ➢ Consueling/coaching
- ➢ Insegnamento
- ➢ Sport
- ➢ Lavoro

In psicoterapia la PNL viene utilizzata come strumento sia da far apprendere al paziente (qual ora necessario) che da sfruttare a favore del terapeuta. Sebbene la PNL non sia riconosciuta a livello ufficiale come terapia vera e propria, essa trova successo come metodologia d'appoccio ad una serie infinita di problematiche. La maggior parte degli psicologi si interessa di PNL o addirittura la studia e pratica regolarmente. La PNL come già detto può essere d'aiuto nel creare un mindset positivo e di successo. Questo può aiutare il terapeuta a mettere a proprio agio il paziente ed approcciarlo nella maniera più corretta. Non è dunque detto che la PNL venga utilizzata come strategia terapeutica ma può essere sicuramente un valido strumento al quale il terapeuta stesso può attingere per creare un filo di connessione diretta con il paziente.

A livello lavorativo la Programmazione Neuro Linguistica viene invece utilizzata in svariate forme e in svariate situazioni differenti. Viene infatti sfruttata come strumento persuasivo nel marketing, poiché consente di entrare in empatia con il potenziale cliente, spingerlo all'acquisto grazie a tecniche specifiche, a taglio persuasivo, o per lo meno ad "agganciarlo" per portarlo ad una fidelizzazione o ad acquisti futuri.

Viene utilizzata dai grandi leader per comunicare meglio con i propri sottoposti e per creare un ambiente di spinta positiva, che incoraggi alla crescita del gruppo e valorizzi il lavoro di ognuno.

Viene sfruttata infine in fase di selezione da alcuni tra i maggiori esperti nella selezione del personale. E' utilizzatissima dai grandi brand poiché consente, "leggendo" le frasi dette dai candidati al momento della selezione, di comprendere non tanto la bravura del candidato stesso o le sue capacità quando la voglia di fare, la resilienza, la capacità di far fronte alle avversità e la positività in generale.

Nel consueling e nel life coaching, invece, la Programmazione Neuro Linguistica viene utilizzata per creare un ambiente mentale auto assertivo, per consentire al cliente di focalizzare al meglio i propri obiettivi, per infondergli una certa dose di autostima e consentirgli di credere nelle proprie skill, e per agire a livello inconscio sull'organizzazione e la capacità di autogestirsi senza procrastinare.

Nello sport, la PNL aumenta la resilienza, consente di "annullare" le voci provenienti dall'esterno (parliamo soprattutto di sport le cui gare/qualifiche avvengono a contatto con gli spettatori, su piste, ring o campi da gioco). Consente di imparare a "leggere nella mente" dell'avversario e apprendere tecniche in grado di sfruttare non soltanto le capacità fisiche ma anche la psiche, sia che si debba vincere in un testa a testa sia che il testa a testa sia con se stessi, come ad esempio nel dover battere un record personale in termini di tempo o velocità.

Un altro dei campi nei quali la Programmazione Neuro Linguistica funziona alla grande è di sicuro l'insegnamento, soprattutto nell'infanzia. Gli insegnanti che sfruttano la PNL a proprio favore, indipendentemente dalla disciplina impartita, sono in grado di creare nei propri studenti un assetto mentale favorevole all'apprendimento, che li sproni a credere in sé, che li appassioni e che li renda consapevoli delle proprie risorse.

Come appena spiegato, la PNL viene sfruttata da moltissime aziende per la selzione, la formazione e la gestione del personale. Le aziende che la sfruttano maggiormente sono sicuramente le grandi multinazionali. Avendo spesso e volentieri questi colossi del marketing una mentalità aperta ed un approccio innovativo al lavoro, non disdegnano tecniche quali la PNL o molte altre.

I grandi del marketing sono ben consapevoli che dietro il rendimento di un ufficio non c'è soltanto il rispetto degli orari lavorativi, ma molto di più. L'autoaffermazione dei dipendenti è importantissima. E' essenziale che gli stessi si sentano parte di una grande famiglia, che possano festeggiare i successi e lavorare sugli insuccessi senza vederli come tragedie ma, piuttosto, imparando a gestirli a proprio favore, per poter comprendere gli errori fatti e raggirarli le volte successive.

Alcune aziende formano per la PNL esclusivamente i loro dirigenti: questo consente di tenerla come strumento non da impartire ai dipendenti ma da utilizzare CON i dipendenti.

Un leader o un capogruppo che sappiano sfruttare al meglio le tecniche della programmazione neuro linguistica, saranno in grado di gestire al meglio i dipendenti e di invogliarli a dare il massimo, senza mai sentirsi "comandati" ma piuttosto "supportati" e "accompagnati".

Vi è mai successo di venire a conoscenza del fatto che, in alcune aziende, vengano utilizzati delle sorta di "rituali" da tenere ogni giorno o prima di un evento importante? I rituali possono essere una semplice frase da ripetere tutti assieme, un applauso d'incoraggiamento di gruppo, un brain storming all'aria aperta: ecco, quella è esattamente PNL!

Perché la PNL gioca proprio su questo: creare un clima familiare, che faccia sentire il dipendente parte di qualcosa e non oggetto di essa. Si tenta, dunque, di avvicinare le figure di rilievo a quelle meno rilevanti, riducendo il divario tra una carica superiore e quella inferiore e favorendo la comunicazione empatica, l'impartimento di ordini stimolati e flessibili e rendendo giustizia alle capacità di ogni singolo individuo.

La Programmazione Neuro Linguistica consente ai capi d'azienda o alle figure di rilievo di comunicare in maniera efficace e di creare una mentalità di successo nei dipendenti. Una squadra felice e convinta di potercela fare, è una squadra appassionata che da il meglio di sé per riuscire. E' una squadra in cui nessuno è superiore o inferiore a nessuno ma, anzi, si collabora e si comunica tutti insieme per l'ottenimento di un beneficio comune.

La PNL viene sempre più spesso utilizzata come terapia volta al miglioramento delle condizioni di vita del soggetto, indipendentemente dal fatto che lo stesso possa o meno soffrire di una qualche patologia di natura psichiatrica o che si trovi o meno in una situazione di disagio mentale. Cosa intendiamo dire? Intendiamo dire che la PNL può essere utile sul paziente in piena depressione o sul paziente in preda a disturbi della socializzazione, ma è anche utilissima su chiunque non abbia nessun problema in particolare e desideri semplicemente migliorare la qualità, già buona, della propria vita.

In questi casi la PNL più sfruttata è sicuramente quella settoriale: aziendale, sportiva o via discorrendo. Si va ad agire esclusivamente sulla lacuna, senza pensare a migliorare a 360° tutto il resto.

Ma quando il desiderio è esattamente opposto?
Bene, spesso intervengono di buon grado i

cosiddetti "life coach", figure in grado di rimettere ordine nella vita dei loro clienti e di fornire strategie utili per una migliore gestione globale delle giornate, dell'attività lavorativa, dei rapporti interpersonali e del tempo, sia esso occupato o libero.

I life coach utilizzano la PNL molto volentieri e spesso sono dei veri esperti, certificati e dotati di attestato. Ma non sempre è così.

Ciò che differisce la PNL dal life coaching è che se la prima può far parte del secondo, il secondo non può far parte della prima. Un terapeuta PNL è sicuramente in grado di fornire al proprio paziente/cliente delle strategie utili a 360°, ma si preoccuperà maggiormente delle strategie di PNL stessa, senza andare a ricadere in altri ambiti. Un life coach che lavora anche con la PNL sarà invece una figura più eclettica, in grado di "insegnare" la PNL ai propri clienti laddove ritenuta utile e di andare ad agire secondo altre tecniche laddove la PNL non potrebbe rivelarsi funzionale. Tecniche di gestione del tempo, tecniche di concentrazione, meditazione, mindfulness e tante altre sono soltanto alcune delle risorse alle quali un bravo life coach potrebbe avere accesso.

Ovviamente, tutto ciò dipende dalle tecniche conosciute dal life coach stesso, dalla sua capacità soggettiva di sfruttarle e trasmetterle al cliente, e dalla sua capacità di saperle selezionare adattando le tecniche giuste alla persona e agli ambiti giusti, scartando quelle funzionali ma meno adeguate.

Ecco dunque chiarita la differenza principale tra life coaching e PNL: se il vostro desiderio è quello di migliorare la vostra vita a 360°, ma desiderate sfruttare le tecniche PNL (unite ad altre), il consiglio è quello di scegliere due figure a sé stanti oppure di selezionare un bravo life coach che sia certificato per l'utilizzo della PNL.

3. La PNL in psicologia: distruggi le tue credenze e costruisci nuovi habitat mentali

Uno dei settori nei quali la PNL è sempre maggiormente sfruttata e diffusa è sicuramente il settore della psicologia e, più nello specifico, della psicoterapia. In psicoterapia viene sfruttata alla strenua di altri metodi, come la terapia cognitivo comportamentale, e viene ritenuta un validissimo mezzo per la risoluzione di alcuni "blocchi" che per il paziente, ad un'osservazione esterna, risultano essere completamente autolimitanti.

Del resto, i creatori della PNL hanno modellato le loro teorie proprio osservando i comportamenti (e i successi) di alcuni tra i più celebri psicoterapeuti americani di sempre. Non è un caso, dunque, che la PNL trovi ampie possibilità di applicazione soprattutto tra gli "esperti della mente e delle emozioni".

Come abbiamo già più volte specificato, tuttavia, la PNL non è ancora riconosciuta come terapia ufficiale. Viene ritenuta una "pseudoscienza" e come tale va approcciata. Abbiamo già specificato che, fino a qualche decennio fa, lo stesso trattamento lo ricevevano tecniche come l'agopuntura, ad oggi pienamente riconosciuta dalla medicina tradizionale. Non è detto dunque che anche la PNL, di qui a qualche anno, riesca a creare un terreno più solido sul quale poggiare le sue fondamenta.

Ma facciamo ordine, così da rendervi le idee più chiare: la PNL può essere applicata da uno psicoterapeuta certificato in PNL così come può essere applicata da un qualsiasi PNL-expert (che si tratti di un life coach o di un dirigente d'azienda, se certificato regolarmente, poco importa). La psicoterapia, al contrario, può essere praticata esclusivamente da psicoterapeuti laureati in psicologia ed iscritti regolarmente all'albo.

Se siete dunque alla ricerca di uno psicoterapeuta esperto in PNL, assicurati prima di tutto che il professionista al quale state scegliendo di rivolgervi sia realmente uno psicoterapeuta qualificato e abilitato alla professione, e non un ciarlatano che si spaccia per tale. Il prezzo di un professionista sarà un prezzo più alto, come è giusto che sia. Evitate di regalare soldi a chi fa leva sulle debolezze altrui.

Un bravo trainer PNL o un bravo consuelor saranno sicuramente in grado di ammettere i loro limiti e, se non sono ANCHE psicoterapeuti, non si faranno problemi nel comunicarvelo, così che se la situazione lo richiede, voi possiate recarvi da un professionista qualificato, magari da sentire in affiancamento al vostro trainer PNL.

La PNL viene utilizzata con successo sia nella cura (o meglio: nella gestione) di alcuni disturbi molto comuni, come la depressione e gli attacchi di panico, che nelle terapie per l'infanzia e nelle terapie destinate alla risoluzione o comunque al miglioramento di alcuni deficit cognitivi. Viene utilizzata dunque anche in casi di autismo et similia.

Uno degli altri momenti in cui la PNL risulta essere molto utile è l'adolescenza. Quello dell'adolescenza è un periodo delicatissimo per la maggior parte dei ragazzi di età compresa tra i 10/12 e i 16/18 anni. Si tratta di un periodo costellato di cambiamenti fisici, mentali e sociali. Il carattere si rivoluziona, i contrasti interni si fanno sempre più elevati, cambia il rapporto con il proprio corpo e cambia il rapporto con il mondo esterno. Le dinamiche sociali si fanno più complesse ed il bambino va via via avvicinandosi a quella che sarà poi l'età adulta.

Tutto ciò porta con sé due conseguenze principali:

> Mancanza di autostima/scarsa consapevolezza di sé
> Difficoltà nel gestire, accettare ed elaborare le emozioni, a causa di una personalità ancora non ben definita

La mancanza di autostima può essere assolutamente gestita, e anche con ottimi risultati, grazie alle più comuni tecniche di PNL. Non è un caso se la PNL viene sfruttata dai più grandi capi d'azienda e dai grandi leader della nostra era.

La difficoltà nel gestire le emozioni può anch'essa essere "risolta" grazie alla PNL, che aiuterà l'adolescente nell'ardua impresa di destreggiarsi in un mondo a lui tutto nuovo ma anche i suoi genitori nel compito di accompagnarlo dolcemente verso l'età adulta, senza forzature e comprendendo al meglio alcune piccole (ma lecite) ribellioni.

La PNL viene utilizzata nella prima e primissima infanzia soprattutto come "strumento" da affidare alle mani di genitori e neo-genitori. Si sa: mamme e papà non si nasce ma si diventa, e commettere errori, il più delle volte pur avendo un fine nobile, è semplicissimo.

Tutti gli adulti lo sanno già, perché ci sono già passati. La figura genitoriale è la figura che ogni bambino/a prende come riferimento assoluto nei primi anni di vita.

Madri e padri hanno il potere di costruire l'autostima della loro prole tanto quanto di farla crollare inesorabilmente. Hanno inoltre il compito, importantissimo, di "scrivere su una tavolozza bianca". La mente dei bambini è ricettiva e relativamente "vergine". È priva di consapevolezze e sovrastrutture. I bambini sono animati da istinto e innocenza e apprendono il modo per compire i primi passi nel mondo proprio grazie alle istruzioni (e ai meccanismi di replica indiretta) provenienti da mamma e papà.

Spesso i genitori non hanno piena cognizione di quanto grande sia il potere (e la responsabilità) che hanno tra le mani. Ecco perché finiscono con il commettere errori, spesso grossolani, che saltano all'occhio di qualunque esperto. A poco serviranno le raccomandazioni di maestre d'asilo o persone che in qualche modo hanno parecchio a che fare con i bambini, magari perché gestiscono una palestra o un piccolo baby park. I genitori hanno bisogno non tanto di raccomandazioni su cosa o come fare, quanto di spiegazioni dettagliate che riguardino il modo in cui funziona una mente ancora "bianca" e i perché e il per come di determinate reazioni a determinati comportamenti. E' soltanto in questo modo, e dunque acquisendo la gusta consapevolezza (che è diverso dal ricevere semplici "istruzioni per l'uso") che diventano capaci di sfruttare il loro sapere a proprio favore, gestendo le situazioni man mano che gli si presentano davanti e riuscendo ad applicare un linguaggio corretto ed un atteggiamento consono rispetto a eventi totalmente diversi l'uno dall'altro, senza dover chiedere continuamente consigli o suggerimenti al terapeuta (o alla maestra) di turno.

Lo sviluppo cognitivo dei bambini è totalmente nelle mani dei loro genitori e del personale qualificato che si appresta a gestirli nell'infanzia (maestre &co). Ecco perché la PNL può risultare, e anzi risulta, essere un validissimo metodo da insegnare a genitori e professionisti dell'infanzia, così da consentirgli l'acquisizione di strumenti in grado di garantire una gestione corretta di bambini e bambine appartenenti a qualsiasi fascia di età.

La PNL, negli ultimi anni, ha riscosso un successo sempre maggiore anche in campi delicatissimi come il trattamento di handicap e deficit cognitivi. Sebbene non si tratti di una terapia ufficialmente riconosciuta, è stato provato che alcune patologie tristemente molto comuni, come l'autismo, dimostrano di avere una risposta eccellente di fronte alle tecniche di PNL specifiche.

Con questo non vogliamo proporla o promuoverla come panacea da ogni male, e di certo da sola non è sufficiente per risolvere problematiche di interesse medico così impattanti sulla qualità della vita del soggetto che ne soffre e dei propri familiari; ma possiamo affermare quanto essa possa esser d'aiuto.

La PNL trova riscontri sempre più positivi nel campo della cura di deficit cognitivi come l'autismo perché promuove non solo una riprogrammazione mentale, ma soprattutto una riprogrammazione "positiva" e validante. Spesso e volentieri i genitori dei ragazzi autistici, in preda alla disperazione, finiscono per cedere ad atteggiamenti negativi, senza rendersi conto che è inutile sgridare un ragazzo che si comporta in un determinato modo non perché "vuole" farlo ma, semplicemente, perché non sa fare diversamente.

Comprendere determinati meccanismi non è semplice e, in questi settori maggiormente che in altri, è di fondamentale importanza scegliere con cura il professionista al quale chiedere aiuto. Esistono centri specializzati e medici realmente in grado di fare la differenza, ma è necessario scegliere una guida che instauri un rapporto di empatia e sicurezza, e che faccia sentire i clienti motivati e pronti ad affrontare ogni sfida con il sorriso e con estrema fiducia nei risultati.

La PNL, in questo caso, risulta essere un ottimo strumento a 3 vie: la prima è quella che consente di agire direttamente sul ragazzo/a interessato, la seconda è quella che consente ai genitori di agire su se stessi, la terza è quella che consente al medico o al terapeuta di comunicare efficacemente con i tutori del paziente, creando una rete di scambio di idee efficace e promuovendo la reciproca collaborazione.

4. La PNL nello sport: sviluppare resilienza e allenare la mente

La PNL è utilizzatissima nello sport. Come abbiamo già fatto presente, essa è alla base di un buono stile comunicativo. Può essere utile tanto per parlare agli altri, quanto per "parlare a se stessi". Ovvio che, in campi come lo sport, in cui l'autodisciplina, la resilienza e l'autostima, oltre che la perfetta consapevolezza delle proprie capacità e dei propri punti deboli e di forza, torna utile più che in molti altri settori.

La PNL viene dunque sfruttata sia dagli sportivi che dai grandi preparatori atletici; siano essi preparatori che formano un singolo atleta (come ad esempio i preparatori di nuoto) o siano essi i coach di interi gruppi di persone (come ad esempio gli allenatori delle squadre di calcio o basket).

I primissimi utilizzatori "inconsci" della PNL sono stati i grandi coach dei lottatori del passato. Sul ring, ancor più che negli sport di forza o resistenza, è fondamentale agire di psiche. La lotta uno ad uno consente di avere un contatto diretto con l'avversario, di guardarlo dritto negli occhi e di prevedere le sue mosse così da poter agire d'anticipo. Ovvio che, in questo, i meta modelli della PNL si sono rivelati infallibili.

Come abbiamo già fatto presente, non è che in passato si utilizzasse la PNL a livello inconscio, e che prima di essere registrata come marchio vero e proprio la stesso non esistesse, anzi. Semplicemente, i coach dei campioni di successo utilizzavano, senza neanche rendersene conto, una serie di frasi e di modalità di contatto fisico e visivo, che riuscivano a infondere fiducia all'atleta e lo rendevano vincente, consentendogli di superare i momenti di maggiore criticità.

La PNL consente di sviluppare abilità di visualizzazione (importantissima!) e abilità di autogestione. Consente di abbattere i modelli limitanti, di eliminare le concezioni errate che si hanno delle proprie capacità e di creare una mappa degli obiettivi realistica e positiva, che preveda piccoli step finalizzati a grandi risultati e non, invece, direttamente grandi risultati. Spesso le aspettative troppo alte, ovvero il desiderare di raggiungere la vetta senza godere delle piccole tappe di intermezzo, sono il principale motivo alla base dei fallimenti. Apprendere le giuste tecniche può aiutare sia il coach/preparatore sportivo che l'allievo/atleta stesso a gestire al meglio la propria mappa degli obiettivi, a festeggiare i traguardi, gestire nel migliore dei modi le cadute lungo il percorso e puntare verso mete sempre più lontane, superando di giorno in giorno i limiti autoimposti dalla mente e dalle sue errate credenze.

• La PNL negli sport di forza e resistenza

Gli sport di forza e resistenza trovano larga applicazione della PNL. La Programmazione Neuro Linguistica può essere utilissima sia negli sport esplosivi, come il sollevamento pesi, che negli sport che richiedono lunghe preparazioni, come la corsa o il ciclismo. Rimanere motivati quando le gambe iniziano a cedere e la testa a girovagare qui e lì non è semplice.

Per farlo, però, è possibile utilizzare specifiche tecniche di PNL pensate per rendere facile la carriera a maratoneti e grandi ciclisti.

Partiamo da un presupposto ben preciso: l'agonismo è una cosa per pochi e, quando si arriva a determinati livelli e a grandi gare importanti, sono TUTTI preparati. Non troverete mai una lista di avversari dalle basse qualità da affrontare e non troverete mai una serie di persone molto meno preparate di voi. Raggiunti certi livelli (basti pensare agli atleti olimpici) sono tutti bravi, tutti prestanti, tutti preparati, tutti pronti fisicamente. La differenza, il più delle volte, la fa proprio la testa.

Ecco dunque che entra in campo il ruolo, sempre più centrale, del mental coach.

Un mental coach che sfrutta la PNL insegnerà ai suoi adepti tecniche ben precise per sopportare il dolore o la fatica, per ritrovare il focus ogni qual volta dovesse andar perso per strada e soprattutto per tenere la motivazione alta durante tutta la preparazione/gara.

Le tecniche che è possibile apprendere sono molteplici, e vanno dall'ancoraggio (una tecnica specifica della PNL) alla visualizzazione del successo (molti coach consigliano proprio ai loro atleti di "visualizzare" il momento della vittoria, immaginandolo nei dettagli: con chi parleranno? Chi abbracceranno per primo? Quali saranno le loro emozioni? Cosa cambierà nella loro carriera atletica dopo quella determinata vittoria?)

Alcune tecniche riguardano anche la resistenza al dolore: i coach potrebbero ad esempio suggerire di visualizzare il dolore o la fatica assegnandogli un "colore", per poi giocare ad invertirlo. E' conosciuta come tecnica "della ruota" e prevede che, assegnato un dato colore a un dolore o una sensazione fastidiosa (come la paura o la fatica) si faccia confluire tutto il colore all'altezza del petto per poi invertirlo e farlo lentamente riscendere lungo gli arti. Il nero diventerà bianco, il giallo diventerà blu, l'arancio diventerà viola, il rosso muterà in verde e così via.

Un'altra tecnica potrebbe prevedere l'utilizzo di un linguaggio interno specifico.

Da "provo a mettercela tutta per vincere" a "vado a vincere la gara". Da "ho degli avversari fortissimi da battere" a "ho validi avversari ma sono il migliore".

Come già spiegato, tra le attività nelle quali la PNL è da sempre utilizzatissima (anche se nel passato in maniera indiretta) ci sono sicuramente gli sport di combattimento. Tra questi troviamo le antichissime arti marziali ma anche sport più moderni come la boxe o la thai boxe.

I grandi guru delle antiche arti marziali sono dei "mentalist" veri e propri. Tutti sono a conoscenza della quiete zen dei lottatori di karate o judo, soprattutto di quelli molto affermati. Ottenere uno stato di quiescenza, imperturbabile e sereno anche in corso di un combattimento all'ultimo sangue, è un'impresa che sarebbe impensabile senza l'aiuto delle giuste tecniche e dei giusti insegnamenti.

E' essenziale, per riuscire bene in sport di questo genere, riuscire a gestire correttamente le emozioni e incanalarle in modo da sfruttarle come energia cinetica e non come paura, che è invece paralizzante.

Ciò che la PNL riesce a fare, oltre a sviluppare una buona dose di resistenza al dolore e un'eccellente autostima, è consentire anche al più "tonto" dei lottatori di acquisire una buona conoscenza del linguaggio del corpo e dei suoi meccanismi.

Avete mai provato, quando qualcuno vi fissa per un po', a guardarlo tra i piedi ed aggrottare le sopracciglia come se avesse qualcosa di strano attaccato alle scarpe? Provateci.

Mandare in confusione l'avversario utilizzando le giuste tecniche (ovviamente il nostro era solo un esempio, e le tecniche che la PNL è in grado di impartire sono molto più "sottili" e raffinate) è fondamentale per portare a casa la vittoria, soprattutto quando il livello e alto e l'avversario ha tante possibilità quante ne avreste voi di vincere.

E' bene ricordare che la PNL non si sostituisce alla preparazione sportiva e atletica, ma va di pari passo con essa. Avere un'autostima alta o essere in grado di cogliere al volo le titubanze dell'avversario senza avere, di base, una buona tecnica e una forza discreta, non porterà mai a nulla. Avere invece delle ottime capacità atletiche e affiancarle ad una preparazione mentale di tutto punto, quello sì che può fare la differenza.

Apprendere le tecniche di base non è complesso e metterle in pratica, per i primissimi tempi, può anche risultare estremamente divertente. Ciò che conta davvero è, tuttavia, riuscire a render tutto estremamente "proprio", in modo da (come

PNL vorrebbe) "riprogrammare" gli schemi mentali e agire in maniera automatica e vincente, senza doverci rifletter su ogni volta.

La PNL agisce, in maniera mirata, soprattutto sulla resilienza.

La resilienza è la capacità, per definizione, di reagire agli stimoli negativi e modellarsi in conseguenza ad essi, adattandosi a nuove condizioni, più o meno favorevoli che siano.

Quella della resilienza è una caratteristica comune e molte delle personalità più mature e forti dal punto di vista psicologico. Svilupparla grazie alla PNL, anche se in maniera indiretta per via della pratica di questa o quell'altra attività sportiva, può sicuramente essere un enorme vantaggio, sfruttabile nel quotidiano.

In cosa consiste la resilienza sviluppabile tramite sport e PNL?

È molto semplice: solitamente gli sportivi, per gran parte della loro carriera e soprattutto agli inizi di essa, falliscono. Falliscono come si fallisce a scuola, falliscono come fallisce un bambino quando inizia a muovere i primi passi e falliscono come si fallisce ogni giorno in ogni ambito della vita.

Il guaio è che, mentre la mente del bambino è una mente altamente resiliente di natura, la mente dell'adulto è una mente più rigida e schematica, e i soggetti che si "bloccano" in partenza proprio per la paura di poter fallire sono davvero infiniti.

Tipico è l'esempio della persona X che vorrebbe mettersi a dieta ma non ha la spesa pronta. Vorrebbe mettersi a dieta ma domani ha un meeting con i colleghi.

Vorrebbe mettersi a dieta ma è sabato quindi "ormai" comincerà lunedì. Questo accade non perché la persona non abbia realmente voglia di vedersi bene allo specchio, ma semplicemente perché la sola paura di avere a disposizione delle occasioni sociali da gestire e di non essere in grado di farlo, la mette talmente a disagio da consentirgli una procrastinazione infinita. Con la PNL, ciò che si apprende, è proprio la gestione dei fallimenti o, meglio ancora, l'affrontamento diretto dei problemi.

Ecco dunque che la Programmazione Neuro Linguistica vi farà sostituire i "potrei ma" con i "posso". E se poi c'è l'evento sociale che blocca tutto? Pazienza, si affronta. Con estrema resilienza, si rimarrà lucidi e invece di ripetersi "ho rovinato tutto" ci si ripeterà "mi godrò la serata perché sono perfettamente in grado di gestire ogni imprevisto". Ed ecco che allora, il nostro soggetto X, potrà iniziare la sua dieta in serenità e, al meeting con i colleghi, riuscirà a godere di un buon bicchiere di vino e qualche stuzzichino leggero, senza esagerare e godendosi con spensieratezza la serata, conscio sia del fatto che il mondo non finirà di certo domani che, soprattutto, delle sue capacità di valutare cosa è presente al buffet e mettere nel piatto soltanto ciò che riterrà opportuno, nelle quantità che gli andranno bene in relazione alla sua condizione attuale.

5. PNL e prestazioni lavorative: impara a parlare in pubblico senza ansia

Le tecniche di PNL sono strettamente correlate con un buon rendimento lavorativo, per svariate motivazioni.

Riescono, prima di tutto, a consentire al dipendente o al libero professionista di credere maggiormente nelle proprie capacità e di realizzare obiettivi realistici e schemi di perseguimento degli stessi efficaci e vincenti.

Riescono a consentire un migliore sviluppo delle relazioni interpersonali con i colleghi, con i datori di lavoro o con i clienti stessi. Riescono infine a consentire il raggiungimento di alcuni obiettivi specifici e complessi, come ad esempio la vendita di un prodotto che non stava andando molto bene o il raggiungimento di un obiettivo trimestrale che non si vedeva da tempo.

La PNL è fenomenale per migliorare la propria produttività, tanto da essere considerata uno dei metodi preferiti dai life coach di tutto il mondo. Utilizzare la PNL per la produttività serve soprattutto ad evitare la fastidiosissima procrastinazione. Procrastinare gli impegni, lavorativi tanto quanto domestici o personali, ha un impatto impressionante sulla vita di chiunque, dagli studenti ai lavoratori, passando per casalinghe e adolescenti.

La vita moderna è talmente ricca di distrazioni che la mente, che stupida non è, tende ad "evadere" con una facilità disarmante proprio per raggirare un ostacolo che non ha voglia di affrontare.

Ma la vita è anche fatta di impegni inderogabili, di scadenze e di piccoli compiti da svolgere quotidianamente. Se siete quel classico tipo di persona che trasferisce gli impegni da una settimana all'altra nell'agenda personale senza mai portare a termine tutto il da farsi, la PNL può sicuramente fare al caso vostro!

Uno dei principi di base, oltre a quello della visualizzazione, è quello della ricompensa.

Sapere che al raggiungimento di un determinato obiettivo (o meglio ancora di piccole tappe intermedie ad esso) ci si concederà una ricompensa, è fondamentale per ottenere buoni risultati.

Il "premio" deve convincere il singolo soggetto e va pertanto adattato alle abitudini di ognuno: per qualcuno potrebbe consistere in una sessione di shopping, per qualcun altro di una passeggiata all'aria aperta, per qualcun altro ancora di un buon gelato in centro e per altri di una semplice pausa relax di qualche ora.

La PNL, inoltre, migliora la produttività evitando la creazione di liste infinite di cose da fare. Aiuta il soggetto ad assegnare una scala di priorità ai compiti da svolgere, e rispettarla.

Le cose semplici, immediate, come portar fuori la spazzatura, non si fanno "dopo" o "tra poco", si fanno e basta in maniera inderogabile.

I grandi impegni si prendono in carico per un massimo di 1 o 2 al giorno, mentre quelli di media entità/importanza si segnano in agenda con la promessa di svolgerli o delegare qualcuno per il loro svolgimento, se è possibile farlo.

La Programmazione Neuro Linguistica è uno degli strumenti più potenti dei quali il maketing persuasivo è in grado di avvalersi.

Consente di avvicinarsi a livello empatico ad ogni potenziale cliente e, soprattutto, ad evitare la classica "porta in faccia" di fronte alla quale spessissimo vengono posti venditori porta a porta o informatori/presentatori.

La PNL del marketing persuasivo si avvale di tecniche come quella della domanda aperta. La domanda aperta prevede che il venditore ponga al suo potenziale cliente delle domande, particolarmente generiche, rispondendo alle quali lo stesso sia in grado di fornire importantissime informazioni.

Spesso i venditori fanno infatti il bonario errore di sciorinare al loro cliente le caratteristiche dettagliatissime di questo o quell'altro prodotto, dimenticando una cosa fondamentale: il volere del cliente, qual è?

Se sto vendendo un robot da cucina che ha la funzione cottura integrata, ma al mio cliente interessa esclusivamente la funzione impasto, che senso ha elencare tutti i dettagli più minuziosi circa i metodi di cottura?

Avrà più senso citarli in maniera molto velata per poi elogiare tutte le qualità della funzione che consente di impastare, facendola passare come punto di forza del prodotto e come funzione "unica al mondo nel suo genere".

Le vendite ne gioveranno sicuramente!

6. Diventa Leader di te stesso con la PNL: strategie per la vita di tutti i giorni!

La PNL funge da "chiave per il successo" in ogni ambito della vita, a 360°. Ovvio che, tolti il lavoro, lo sport e il successo, non siano esclusi da questi ambiti fattori importantissimi per il benessere della persona quali l'autostima e le relazioni interpersonali.

Molti scettici che decidono di avvicinarsi alla Programmazione Neuro Linguistica finiscono per farsi sempre la stessa domanda: se è vero che ogni mente è un mondo a sé, e che i contesti sociali ed economici influiscono sulle relazioni tanto quanto il background di ognuno e le esperienze accumulate, come è possibile la PNL proponga un linguaggio "universale" valido per ogni contesto? La risposta è, in realtà, molto semplice: le ricette sono universali.

Un buon pan di spagna si prepara con la stessa proporzione tra uova e farina e con gli stessi metodi e tempi di cottura. Indipendentemente che a prepararlo ci siano un ragazzino alle prime armi o il più grande pasticciere di tutti i tempi. Ed è lo stesso, in effetti, che accade con le "ricette" della PNL.

Gli studiosi che si occupano dello sviluppo e della continua miglioria di questa complessa ma affascinante materia, si preoccupano proprio di comprendere al meglio quelli che sono i meccanismi di chiave dell'ottenimento di determinate condizioni di vita da parte dei cosiddetti "soggetti fortunati".

Gli appassionati di PNL e tutti coloro che la insegnano e diffondono sono convinti che la chiave della felicità sia sepolta dentro ognuno di noi e che sia nostro e soltanto nostro il compito di indirizzare correttamente il destino dandogli la giusta traiettoria.

Di base, inoltre, sì è convinti che come ogni altra cosa, anche la realtà sia in realtà "soggettiva" e mai oggettiva. Ciò che per me è poco, per un altro sarà moltissimo. Provate a immaginare di regalare la vostra vita a un qualsiasi "sfortunato", come ad esempio un immigrato africano. Magari alla vostra vista avete una vita triste e poco appagante, perché avete un lavoro che non vi soddisfa, sentite l'esigenza di una compagna/o che non avete, o magari non avete una rete di amicizie estese e la vostra vecchia macchina fa i capricci. Queste condizioni vi porteranno inevitabilmente a vivere le giornate con il pilota automatico inserito, senza sentirvi grati per nessuno dei doni che, in realtà, possedete.

Come pensate che la stessa vita, con le stesse possibilità e risorse, sia economiche che sociali, potrebbe essere vissuta da chi invece verte in condizioni realmente drammatiche?

Sicuramente, uno sfortunato vedrebbe nelle vostre lamentele cose per cui essere grato e fare i salti di gioia. Si approccerebbe alle giornate in maniera completamente differente e riuscirebbe a fare tanto di quel "poco" che ha a disposizione. Ecco che, il linguaggio mentale e la percezione della realtà modificheranno inevitabilmente anche le azioni, l'umore e gli obiettivi raggiungibili. La PNL lavora anche su questo.

Probabilmente non tutti nascono con le stesse risorse a propria disposizione.

Ci saranno sempre i ricchi e i poveri, le persone con un'infanzia semplice e quelle con un'infanzia difficile, i super intelligenti e i mediocri o i timidissimi e gli estroversi. Ciò che fa la differenza, secondo la PNL, non sono le carte da gioco, ma l'abilità nel saperle sfruttare a proprio favore.

Ecco dunque che la Programmazione Neuro Linguistica riesce ad offrire validissimi metodi per gestire al meglio le proprie risorse, liberandone il pieno potenziale e scoprendone di nuove, inaspettate.

La PNL viene spesso accorpata a metodi di catalogazione delle personalità come quello dell'enneagramma, soprattutto quando di mezzo ci sono le relazioni interpersonali. Tralasciando l'enneagramma (che è una semplice scala numerica che definisce le tipologie di personalità in base a determinate caratteristiche d'azione, assegnando alle stesse uno o più "numeri"), lo scopo principale della PNL nelle relazioni interpersonali è quello di favorire l'empatia e la corretta comunicazione.

Una delle difficoltà maggiori tra persone è infatti, spesso e volentieri, data dalla scarsissima capacità di comunicare correttamente. Spesso noi esseri umani abbiamo il grande, enorme difetto, di credere che chi abbiamo di fronte abbia una mente identica alla nostra o che, se anche completamente "diverso" da noi a livello caratteriale, agisca comunque secondo le medesime convinzioni, secondo il medesimo codice morale, apprendendo informazioni dall'esterno nella nostra stessa modalità, prendendo le decisioni in maniera ragionata piuttosto che istintiva, e via di seguito.

Purtroppo, tuttavia, sappiamo bene che non è così.

Esistono soggetti, predisposti alla presenza fisica, che dimostrano l'amore o l'affetto donando tempo alle persone amate. Questo probabilmente non verrà compreso da chi, invece, ha la necessità di "sentirsi dire" le cose. Allo stesso modo, ci sono persone che tendono a ragionare ad alta voce e si contraddicono in continuazione, non per mancanza di integrità ma semplicemente perché, per l'appunto, è come se stessero vivendo all'esterno un dialogo che dovrebbe avvenire "all'interno". Questo finisce irrimediabilmente per ferire (o peggio ancora mandare in confusione) i soggetti più introversi/introspettivi, che hanno invece la tendenza a "dire fuori" soltanto quello che, dentro, è stato già deciso ed elaborato.

In tutte queste situazioni, avere in mano uno strumento come la PNL può realmente fare la differenza. Grazie alle tecniche di base della PNL è semplicissimo, infatti, non farsi prendere dal panico e riuscire ad instaurare un dialogo costruttivo anche con tutti quei soggetti che sono notoriamente refrattari alle chiacchiere in tranquillità.

Utilizzare frasi come "ti andrebbe di chiarire" al posto di "dobbiamo parlare" oppure "capisco ciò dici, anche se è un punto di vista diverso dal mio" invece di "è assurdo il modo in cui la pensi" riesce non solo a permettervi di mostrare una gran maturità nell'affrontare le situazioni più disparate, al lavoro così come in famiglia, ma anche di creare dei "ponti" che facciano sentire le persone che vi stanno attorno accolte e ascoltate. Con il tempo, consolidare questi schemi farà sì che si creino dei rapporti basati sulla fiducia e sul confronto reciproco.

La PNL nei rapporti interpersonali può essere utile tanto con il datore di lavoro dal carattere un po' ostile quanto con la donna o l'uomo che desiderate conquistare.

Utilizzare le frasi adatte (con voi stessi e con loro) vi renderà più sicuri e creerà empatia istantanea.

La PNL studia attentamente il linguaggio del corpo e le micro espressioni facciali. Si basa notevolmente su tutto ciò che la sociologia ha sempre diffuso e spiegato: il corpo ed i gesti parlano molto di più di bocca e fiato, e bisognerebbe dargli il giusto rilievo.

Alcune persone sono iper ricettive di natura: notano le espressioni di chi gli parla, capiscono molto di quanto non-detto, riescono a sfruttare a proprio favore i dubbi, i disagi o le preferenze che l'interlocutore non dichiara ad alta voce ma che inevitabilmente da a vedere.

Altre, meno ricettive, non riescono a cogliere questi piccoli ma importantissimi segnali e finiscono con l'ignorarli e creare disagio nell'interlocutore.

La PNL basa molto dei suoi insegnamenti sulla ripetizione, sul tocco, sulle emozioni. Esistono tecniche, come quella del mirroring, che si basano proprio sullo "specchiare" le espressioni facciali di chi abbiamo di fronte così da creare una sorta di empatia emotiva, anche se non presente. E' una delle tecniche più utilizzate da una delle presentatrici italiane più note dal grande pubblico, ma non solo da lei!

Quante volte abbiamo riso a una battuta che non ci faceva ridere, soltanto per non creare disagio nel nostro interlocutore? Ecco. Il punto è proprio quello: creare lo stesso tipo di situazione anche in altre condizioni. Pensiamo a un amico/a che ci racconta qualcosa che lo fa soffrire molto: probabilmente per lui sarà un problema enorme da affrontare, mentre ai nostri occhi sarà un qualcosa di irrisorio e poco interessante, che staremo ad ascoltare soltanto per permettergli di sfogarsi.

Ricalcare le stesse emozioni presenti sul suo volto potrebbero renderci ci più disponibili e attivi nella conversazione, creando empatia.

Ma la PNL non è soltanto questo, è anche contatto fisico, da contestualizzare anche e soprattutto in base alla reazione degli interlocutori (non tutti amano esser toccati mentre parlano) e molto altro ancora.

Per tener viva la conversazione, nel raccontare un fatto molto lungo spesso ci ritroviamo a parlare velocemente per finir prima o, peggio ancora, ad alzare la voce in maniera involontaria. Nulla di più sbagliato!

La PNL propone invece di tenere una postura rilassata e di parlare lentamente, al massimo interagendo in maniera non-verbale con i nostri interlocutori, così che mantengano alta l'attenzione. Un occhiolino a destra, un braccio sfiorato a sinistra, un colpetto sulla spalla di chi abbiamo di fronte: sono tutti gesti apparentemente innocui ma che sono in grado di fungere da catalizzatori dell'attenzione. In questo, uno dei "modelli" più studiati è sicuramente il famosissimo Will Smith, attore americano apprezzato tanto dal pubblico quanto dai colleghi, che riesce inspiegabilmente a dominare la scena (e a non risultare tuttavia pesante!) in ogni situazione!

Il titolo di questo paragrafo fa riferimento a una delle citazioni più famose dell'inventore della PNL.

Bandler era convinto che, se la mente si impegna a prendersi gioco di qualcosa, è anche in grado di annullare il fastidio/il disagio/la paura che quel qualcosa è in grado di scatenare.

Ecco perché la maggior parte delle tecniche più famose della PNL si basa proprio sul principio della derisione.

Bandler suggeriva ai propri studenti di immaginare, ad esempio, la persona che li terrorizzava o faceva andare in collera. Gli chiedeva di immaginarla come se la avessero di fronte e poi, subito dopo, di farla diventare alta poco più di due spanne. Chiedeva loro di vestirla da folletto e fargli crescere lunghe orecchie a punta. Poi, chiedeva loro di immaginarla/o strillare con una vocina stridula e soffocata. Infine, chiedeva loro di provare a immaginarla/o con l'urgenza di andare in bagno, per poi farsela addosso.

Gli studenti scoppiavano a ridere e, puntualmente, ciò che avevano immaginato durante il corso della lezione finiva per rendergli la vita mille volte più semplice e evitare che si bloccassero di fronte a persone/situazioni scomode.

I problemi, grazie alla tecnica della derisione, finivano con l'essere ridimensionati. Veniva fuori tutto il lato comico della situazione e, questo, consentiva di ricreare a livello mentale un assetto del tutto positivo e in grado di fare davvero la differenza durante lo svolgimento delle normali giornate.

Come abbiamo già precisato parlando di lavoro e in particolar modo di vendite e marketing, la PNL può risultare uno strumento vincente per ottenere qualcosa che fino a poco tempo fa consideravamo come "inaccessibile". Se apprese bene, le tecniche della PNL possono portare al ribaltamento di situazioni che mai e poi mai vi sareste immaginati di poter cambiare. Non è difficile che se ben motivato (e facendo leva sui punti giusti) anche il più imperturbabile dei capi d'azienda decida di concedervi un aumento.

Così come non sarà difficile ottenere un buon risultato nelle vendite, non sarà difficile ottenere un favore da un collega o da un amico. Una delle tecniche più utilizzate dalla PNL è quella della persuasione indiretta: vietato, ad esempio, utilizzare il condizionale.

Se diciamo a qualcuno "scriveresti questa e-mail per me?" questi non lo farà mai. Diverso sarà pronunciarsi con una frase educata ma assertiva, come "Puoi, per favore, scrivere per me questa e-mail?". Non risulteremo né scontrosi né maleducati: anzi. Per natura l'essere umano è portato a ragionare in gerarchie: questo porta le persone a relazionarsi in maniera più immediata con gli ordini (anche se espressi in maniera educatissima e posti sotto forma di richiesta e non di obbligo) piuttosto che con le richieste meno dirette.

Un altro metodo, utilizzatissimo dalla PNL, per ottenere aiuto materiale da qualcuno, è quello di "dargli" materialmente qualcosa da fare mentre è impegnato in una conversazione telefonica. A quanto pare, la mente non è in grado di gestire troppe cose contemporaneamente, motivo per il quale tende ad andare nel pallone quando gli si presentano troppi compiti da svolgere in simultanea. Se avete davanti una pila infinita di vestiti da stendere e un familiare poco collaborativo, provate a porgerglieli o chiedergli di passarveli mentre è impegnato in una conversazione telefonica: rimarrete sbalorditi dal risultato!

7. In conclusione

All'interno di questo ebook abbiamo volutamente scelto di non fornirti nulla di preciso o dettagliato riguardo la PNL. Speriamo tu abbiamo compreso a pieno di cosa tratta e "come funziona". Per apprenderne le tecniche di base ti suggeriamo di rivolgerti a un terapeuta o a un coach preparato e che sia munito di adeguata qualifica. Se proprio te la senti, puoi anche approfondire mediante l'acquisto di libri di testo specifici. Occhio, tuttavia, che molte credenze errate e auto percettive vanno smontate da chi è in grado di carpirle e riconoscerle. Un occhio esterno, che sappia individuare dei blocchi che, in quanto tali, spesso sono inconsci e non voluti dal soggetto, è sempre utile in questi casi.

Speriamo di averti fornito una panoramica chiara ed esaustiva di tutto ciò che potresti ottenere con una buona formazione personale di tecniche di PNL, facci sapere quali saranno le tue conquiste!

Una delle competenze che saranno maggiormente richieste dai principali recruiter del mondo del lavoro a partire dai prossimi anni sarà l'intelligenza emotiva. L'importanza di tale competenza risiede nel fatto che nel lavoro è sempre più necessario essere in grado di gestire e controllare le proprie emozioni e le proprie reazioni, per aumentare la produttività e l'efficienza. Nonostante la notevole importanza sempre crescente che essa riveste, l'intelligenza emotiva è sottovalutata da oltre l'80% degli individui.

Le esperienze vissute quotidianamente da ogni singola persona potrebbero rappresentare una solida base di partenza per imparare ad utilizzare l'intelligenza emotiva, tuttavia gran parte di esse non si rende conto, se non in minima parte, di tutto ciò che vive, e dunque rimane intrappolata nell'incapacità di trarre i giusti insegnamenti, imparando a gestire i diversi sentimenti.

Proprio per questo motivo, le aziende ricercano al giorno d'oggi soggetti con una grande padronanza delle emozioni, in quanto tali soggetti avranno una maggiore spinta motivazionale nello svolgere il proprio lavoro e risentiranno in misura minore dello stress psicologico. Saranno manager di successo coloro che saranno in grado di trasformare le proprie competenze interpersonali, psicologiche e sociali in strategie aziendali di successo, senza tralasciare l'empatia e le relazioni sociali con i propri dipendenti e collaboratori.

Ma l'intelligenza emotiva, prima che in ambito aziendale, deve essere sviluppata a livello personale. Sarebbe ideale educare all'intelligenza emotiva fin dai primi anni di vita i bambini, in quanto la capacità di apprendimento è molto più flessibile, ma ciò non significa che un soggetto non possa apprendere tale competenza anche in età adulta. Non è facile imparare a decifrare e gestire le emozioni proprie e quelle degli altri, ma farlo può rendere le persone migliori.

Capitolo 1 – Cosa è l'intelligenza emotiva

Non è possibile fornire una definizione precisa di intelligenza emotiva, sia in quanto essa si rapporta con ogni elemento psichico e fisico dell'essere umano, sia perché tentando di definirla si rischierebbe di limitarne il concetto.

L'intelligenza emotiva fa comunque riferimento alla capacità dell'uomo di interagire con le proprie emozioni: maggiore è il controllo che un essere umano ha su di esse e più alto sarà il quoziente intellettivo emotivo. Riuscire a gestire i sentimenti, dunque, è fondamentale nella vita dell'uomo per compiere qualsiasi gesto, da quello più comune alle imprese più ardue.

È possibile suddividere l'intelligenza emotiva, così come studiata sin dai primi anni '90, in tre branche principali. La prima riguarda la valutazione delle emozioni. Si tratta della capacità posseduta da un essere emotivamente intelligente di esprimere e categorizzare i sentimenti provati, limitandoli e individuandoli. La seconda categoria fa invece riferimento alla regolazione delle emozioni. Lasciarsi sopraffare dai sentimenti è infatti spesso controproducente e, dunque, un atteggiamento di questo genere può essere ricondotto ad un'etica poco intelligente. La terza categoria, infine, comprende l'utilizzo delle emozioni. Si tratta della capacità posseduta dall'uomo di trasformare le emozioni, convertendole da punti deboli a punti di forza. La qualità con la quale si distinguono, si regolano e si utilizzano le emozioni dunque definiscono il livello di intelligenza emotiva posseduto da ciascun soggetto.

Una visione dell'intelligenza emotiva di questo genere però non fa riferimento alcuno all'intelligenza vera e propria. Proprio per questo motivo le categorie inizialmente prodotte sono state ampliate e ridefinite, in modo tale da esaltare la capacità intellettiva del soggetto, piuttosto che spostare l'attenzione sulle emozioni. Ciascun soggetto è in possesso della capacità di gestire i propri sentimenti, ma non tutti sanno come fare per approcciarsi ad esso. La differenza tra l'intelligenza emotiva dei vari soggetti nasce proprio da questo concetto, e a seconda di tale capacità gli uomini possono considerarsi più o meno adatti ad occupare posizioni sociali che richiedono responsabilità e requisiti psico-fisici più alti.

1.1 – L'importanza degli studi di Goleman e la nascita dell'intelligenza emotiva

Durante i primi anni '90 gli Stati Uniti dovettero affrontare una serie di casi di omicidio. A questi si unirono ben presto un elevato numero di suicidi e un abuso di droghe e sostanze stupefacenti, tra i giovani, ma non solo, che sfociarono in ulteriori casi di morte. L'attenzione di numerosi psicologi e neurologi si spostò sul sistema cerebrale dell'essere umano moderno che, secondo un'opinione pressoché unanime, era sottoposto ad uno stress eccessivo. La vita frenetica delle metropoli statunitensi, ma ben presto anche delle principali città europee, induceva infatti l'uomo ad una costante perdita dei valori, che comportava una maggiore facilità nell'uccidere un proprio simile anche per motivi futili. Questo era evidenziato anche da un notevole incremento nella probabilità di affrontare almeno un episodio di depressione durante la vita di ogni singolo soggetto.

L'intelligenza emotiva, dunque, divenne protagonista nella vita dell'uomo e studiarla fu quasi una necessità. Nel 1990 furono per primi i dottori Salovey e Mayer a studiare l'influenza delle emozioni sull'esistenza umana. Essi riuscirono a capire l'importanza personale e sociale che poteva avere una gestione totale delle emozioni. Sullo stesso piano, circa cinque anni più tardi, si soffermò la teoria di Daniel Goleman, che nel suo libro *Emotional Intelligence* studiò l'importanza di categorizzare i sentimenti e le passioni, al fine di trasformarli in punti intellettuali distintivi e caratteristici.

L'uomo moderno, a partire dagli anni '90 ha subito un isolamento sempre più alienante, dapprima con il lavoro industriale, successivamente con la televisione e i videogiochi e adesso con le nuove tecnologie. Tale isolamento è forse il motivo principale che ha comportato una depressione emotiva sempre maggiore, a sua volta causa di efferati e insensati omicidi e di comportamenti atti a ledere il proprio fisico e la propria mente. L'intelligenza emotiva, dunque, nasce come risposta a questo periodo difficile per l'uomo, specialmente dal punto di vista psichico.

Se la necessità era già molto evidente negli ultimi anni del XX Secolo, al giorno d'oggi la gestione delle emozioni è diventata fondamentale. Sempre più frequenti sono infatti i casi che avevano portato Salovey, Mayer e Goleman ad approfondire la funzione cerebrale e l'influenza dei sentimenti sulle azioni e sulla vita quotidiana.

Il motivo principale di tale involuzione passionale può essere individuata sia nello stress implicito nella vita moderna, sia nella differenza educativa posseduta dai soggetti. Proprio per quest'ultimo motivo, secondo i neurologi e gli esperti del settore, sarebbe importante alfabetizzare le emozioni sin dalla giovane età. A scuola, ad esempio, sarebbe opportuno inserire attività che aiutano gli alunni a riconoscere le emozioni provate, in modo tale da abituarli a rapportarsi adeguatamente con i propri sentimenti, incrementando le proprie capacità.

Per capire il potere delle emozioni, basta pensare al sacrificio che compiono i genitori in certe situazioni critiche, per riuscire a salvare la vita dei propri figli. Essi, solo per puro amore, riescono a scegliere, anche in pochissimi istanti e con estrema razionalità, di morire, purché i propri figli sfuggano alla situazione di gravità sani e salvi. È possibile dunque affermare che un sentimento vero è persino più forte dello spirito di sopravvivenza, considerato come la più potente forza volontaria dell'essere umano.

Con il passare degli anni, l'uomo ha cercato però di distinguere la parte razionale dai sentimenti, man mano indirizzati verso il cuore. Le decisioni più importanti vengono dunque assecondate ascoltando la propria parte razionale, ossia quella misurata dal cosiddetto Quoziente Intellettivo. Ma in realtà le emozioni sono parte integrante del sistema cerebrale: se queste dovessero sopraffare la ragione, un essere umano dovrebbe comunque essere in grado di prendere decisioni importanti, senza che le stesse offuschino la propria mente, bensì cercando di sfruttarne al massimo il loro potenziale.

Sin dall'antichità, però, l'essere umano ha tentato di mettere in atto proprio l'esatto contrario. Ogni legge, dai regolamenti religiosi a quelli sociali, e ogni loro evoluzione, è stata realizzata in modo tale da frenare impeti emozionali, cercando cioè di stabilizzare il comportamento umano, uniformandolo ad un'idea di razionalità, che però si è mostrata errata. Quasi tutti i reati, in linea generale, vengono considerati come frutto di un offuscamento cerebrale, che ha provocato una temporanea mancanza di razionalità: il colpevole di questo processo è il sentimento. In realtà il vero colpevole si può dire sia lo stesso soggetto che ha commesso il reato che, in mancanza di un'intelligenza di tipo emotivo, non ha saputo gestire le proprie emozioni, sfociando in raptus e comportamenti deplorevoli.

Capire quale sia il vero scopo delle emozioni è però semplice. L'uomo, analizzato da un punto di vista naturalistico, è un animale, seppur pensante. Le emozioni guidano qualsiasi altro essere vivente del pianeta: paura, rabbia, passione e amore. Si può dunque interpretare l'emozione come un vero e proprio impulso ad agire. È dunque importante ascoltare i propri sentimenti, ma naturalmente è fondamentale anche saperli gestire.

La stessa terminologia conferma come l'emozione sia un impulso naturale che spinge gli esseri a compiere una determinata azione: questo termine deriva infatti dalla lingua latina, *"moveo"*, con il significato di muovere; anche il prefisso *"e-"* è molto importante in quanto accentua la volontà di muovere, ossia di agire. Attraverso un processo durato millenni, l'uomo è riuscito a separare, quasi totalmente, le emozioni dalla ragione, ottenendo in questo modo un comportamento standard, che però, se confrontato con il resto del mondo animale, può essere considerato come anomalo. I bambini stessi non possiedono questa capacità di separare due elementi fondamentali del proprio corpo, ma l'educazione spinge loro in maniera costante a conformarsi al resto della popolazione umana. I recenti studi stanno inoltre confermando come ogni singola emozione abbia un ruolo diverso: a seconda della forza con la quale si manifestano, le emozioni tendono a preparare, psicologicamente e fisicamente, il corpo ad una determinata reazione.

L'emozione studiata con maggiore facilità, anche per via del suo peso giudiziario, è la rabbia. Un soggetto invaso da questa emozione tende a confluire velocemente il sangue verso gli arti superiori, per semplificare la presa di oggetti, con un improvviso aumento del numero di battiti del cuore e una conseguente scarica di ormoni.

Anche la paura mostra dei segnali ben evidenti e specifici. Il sangue, questa volta, confluisce verso gli arti inferiori, in modo tale da preparare le gambe ad una fuga rapida. Questo avviene però dopo un istante di pausa: il cervello lascia il tempo al soggetto di capire quale sia il modo migliore per allontanarsi dal pericolo, paralizzandolo per circa un secondo.

La sorpresa invece comporta un immediato inarcamento delle sopracciglia. Questo movimento può apparire come un segnale superfluo, ma in realtà è importante in quanto consente alla luce di irradiare con maggiore vigore la retina, espandendo allo stesso tempo l'intero campo visivo del soggetto. Lo scopo è semplicemente quello di mettere a fuoco tutti i dettagli per facilitare la comprensione di ciò che sta avvenendo.

L'amore è un altro dei sentimenti fondamentali studiati da Goleman e dagli altri sostenitori della teoria dell'intelligenza emotiva. Questa emozione, proprio come il piacere sessuale, riesce a infondere al corpo pura soddisfazione, lasciando il soggetto calmo e rilassato. Si tratta di un procedimento completamente opposto rispetto a quello della paura, che invece tende ad allertare tutti i sensi e a preparare il corpo ad una reazione istantanea.

L'emozione che comporta un maggior rilascio di energie positive è però sicuramente la felicità. Quando viene provato questo sentimento, il corpo riesce ad inibire totalmente tutte le emozioni negative, consentendo al soggetto di godersi pienamente il momento.

Il sistema cerebrale, invece, reagisce in maniera diametralmente opposta alla felicità quando prova tristezza. Le energie in questo caso crollano, e i sentimenti ad essere inibiti questa volta sono quelli positivi.

Infine il disgusto è un'emozione che comporta reazioni simili in tutto il mondo. Tali reazioni, ossia quella di inarcare il labbro superiore e quella di arricciare il naso, furono studiare in precedenza anche da Darwin nella sua teoria sull'evoluzione. Questi comportamenti sono dovuti essenzialmente al tentativo immediato del corpo di sputare o di soffiar via, rispettivamente da bocca e naso, aria putrida e gusti nauseanti. Queste reazioni possono essere associate ai comportamenti dei primi ominidi che tendevano ad avere una reazione istintiva per evitare avvelenamenti da cibo.

Come detto, però, le emozioni sono state plagiate durante l'intero periodo di evoluzione, specialmente dal momento in cui l'uomo ha cercato di creare una comunità, civilizzandosi e allontanandosi dal mondo animale. Uno degli esempi più chiari in questo senso è proprio il pianto, nei momenti in cui un soggetto prova tristezza. Questo non viene infatti considerato un comportamento istintivo, bensì più un modo di conformarsi ai diversi momenti. Il crollo di energie comporta infatti solamente una sensazione di perdizione totale; il pianto viene dunque considerato un atteggiamento che nasce dalla consapevolezza del momento, dunque associabile più alla parte razionale del sistema cerebrale che alla parte sentimentale.

Approfondire la conoscenza di sé stessi e del funzionamento delle proprie reazioni ai singoli sentimenti è solamente il primo passo verso il raggiungimento della cosiddetta intelligenza emotiva. Per semplificare il compimento di questo primo passo all'interno di sé stessi, si potrebbe osservare il comportamento delle altre persone in particolari momenti.

Una persona triste, a seguito di un fatto grave della propria vita, come ad esempio la morte, il divorzio o l'allontanamento da un caro, può essere analizzata sotto due aspetti. Generalmente per intuire cosa stia provando la sua parte sentimentale è possibile osservare attentamente gli occhi. Questi possono mostrarsi lucidi e segnati da sofferenza; viceversa la parte razionale può far dire alla persona cose che in realtà non pensa e non prova. Quest'ultima parte, infatti, tende a distaccare il sentimento dai fatti accaduti e, dunque, tenta di dare spiegazioni a tali eventi in maniera obiettiva: in realtà però, le emozioni fanno parte della vita dell'uomo ed escludersi dall'analisi, seppur obiettiva, di un fatto può essere considerato un errore.

La separazione tra le due parti che governano un essere viene spesso viene effettuata in quanto associata a due elementi anatomicamente distinti: il cuore per la parte sentimentale, la mente per quella emozionale. Come già detto in precedenza, però, il cuore non è capace di provare sentimenti: l'accelerazione del battito cardiaco in certi momenti della vita e in certe situazioni, ad esempio, è dovuta ad una mera conseguenza di un processo messo in atto a livello cerebrale.

È più opportuno dunque, come afferma lo stesso Goleman, parlare di due menti, quella sentimentale e quella razionale. Queste menti collaborano costantemente in ogni istante della vita ma, a causa della limitazione imposta dalla società umana alla prima di queste due menti, gli istinti emozionali sono stati gradualmente soffocati, per favorire la razionalità. Le due menti sono comunque ben distinte, in quanto ognuna di esse opera su parti cerebrali e comporta conseguenze differenti rispetto all'altra.

Molti casi di omicidio, tra cui quelli più efferati e violenti, sono accompagnati da un'esperienza comune: il sequestro emozionale. Gli assassini, infatti, raccontano che, a causa di una frase, di una minaccia o di un gesto compiuto dalle vittime, hanno perso in un attimo il controllo di sé stessi. La mente sentimentale, dunque, prevale completamente su quella razionale, che non ha più modo di agire. Il sopravvento totale delle emozioni può manifestarsi anche nei casi di risate incontrollate e ingestibili, di un amore, anche sessuale, che un soggetto non riesce a frenare, di un pianto a dirotto dovuto ad una tristezza infinita.

In questi casi la testa può essere paragonata ad una pistola. Una volta azionato il grilletto, che in questo caso è rappresentato dall'amigdala, ossia un elemento cerebrale a forma di mandorla che gestisce tutte le strutture interconnesse, una delle due menti può prevalere sull'altra, facendo perdere il controllo del corpo.

1.3.1 – L'essere umano è succube delle passioni

Ciò che spinse Goleman ad analizzare e ad approfondire gli studi sull'amigdala e sulla mente sentimentale fu proprio il tentativo di dare una spiegazione a eventi molto gravi e insensati, come l'omicidio. Un soggetto che non è in grado di gestire le proprie emozioni è fondamentalmente più esposto ad affrontare un caso di sequestro emozionale.

Il fatto di aver limitato per secoli la parte emozionale del sistema cerebrale ha comportato una trasformazione di questa mente, oramai paragonabile ad una pentola a pressione. Nel momento in cui una passione si dimostra superiore ad un certo limite, a causa del momento, dell'entità e di altri fattori, come ad esempio la provocazione, allora il sequestro emozionale è inevitabile. Per questo motivo non è sbagliato affermare che al giorno d'oggi l'uomo può essere succube delle passioni.

Il problema dell'essere umano sta però a monte rispetto ad eventi come questi, che possono essere definiti come conseguenze della mancanza di un'intelligenza emotiva. Per raggiungerla è necessario implementare uno studio psichico personalizzato in grado di creare un processo che consenta di gestire e limitare l'amigdala. Il lato che può definirsi controproducente riguarda una maggiore lentezza nei tempi di reazione in una situazione di allerta, ma allo stesso tempo un controllo di questo genere eviterebbe di incorrere in casi di sequestro emotivo. Questi ultimi, infatti, per potersi attivare completamente necessitano della presenza contemporanea di due elementi: la predisposizione dell'amigdala e la soppressione dei processi neocorticali. In particolare, tali processi garantirebbero un profilo basso a livello emozionale, evitando in questo modo di divenire succubi, anche se per pochi momenti, delle passioni.

L'intelligenza emotiva nasce dunque non come elemento qualitativo personale e sociale, bensì come capacità di evitare eventi spiacevoli e raptus improvvisi che potrebbero provocare conseguenze decisamente negative per sé stessi e per gli altri soggetti. Dal 1990 in poi, ossia dal momento in cui la presenza di due menti è divenuta certezza, la cura e l'espansione dell'intelligenza emotiva è divenuta fondamentale al fine di migliorare la vita umana. Innanzitutto la capacità di gestire le emozioni può rivelarsi efficiente da un punto di vista personale. Migliorare lo stato di salute cerebrale è infatti importante per affrontare la vita nelle modalità corrette. I soggetti intellettualmente emotivi infatti riducono notevolmente il rischio di incorrere in patologie depressive.

Da un punto di vista relazionale invece l'intelligenza emotiva consentirebbe di mantenere costantemente un equilibrio anche nei momenti più difficili. Si tratta di momenti delicati magari riferibili all'ambito lavorativo, oppure momenti intimi con il proprio partner. Se a livello personale i benefici di gestire completamente le proprie emozioni sono molteplici, a livello sociale i vantaggi verrebbero ancor più amplificati, a cominciare dalla riduzione dei crimini. Naturalmente parlare di un azzeramento del numero di reati sarebbe un utopia, ma verrebbero comunque meno tutti quegli omicidi frutto di un raptus o di una reazione violenta, ossia frutto di un sequestro emotivo. La società parrebbe anche più sana ed equilibrata, grazie alla riduzione dei casi di depressione e di conseguenza dei suicidi.

1.4 – L'empatia e il lato oscuro delle emozioni

Nel mondo esistono alcuni soggetti che non solo non sanno gestire adeguatamente le proprie emozioni, ma che non sanno nemmeno riconoscerle. Queste persone soffrono di uno dei disturbi psicologici e psichiatrici maggiormente sottovalutati dai neurologhi di tutto il mondo, ossia l'alessitimia, nota anche con il nome di analfabetismo emotivo. Questa patologia non consente di riconoscere in maniera corretta i propri sentimenti e non permette di avere una relazione di qualsiasi genere con un altro soggetto. Infatti una persona alessitimica non è in grado di riconoscere nemmeno le espressioni facciali e vocali, le gestualità e le sottointenzioni altrui. Si tratta dunque di un problema diametralmente opposto all'empatia. Spesso i casi più gravi di soggetti affetti da alessitimia divengono criminali, stupratori e pedofili.

L'intelligenza emotiva viene in aiuto anche in questo caso. La categorizzazione delle emozioni può infatti risultare molto utile ad un soggetto alessitimico che, in questo modo, potrà intuire le emozioni altrui, oltreché le proprie. Si tratta di porre in essere una sorta di empatia simulata: il soggetto non potrà né riscontrare negli altri né provare in maniera adeguata i sentimenti, ma potrà associare le singole espressioni ad una determinata emozione, mediante uno studio approfondito volto al riconoscere i dettagli e i tratti comuni che caratterizzano le reazioni umane. In pratica il soggetto alessitimico dovrà essere in grado di interpretare i classici canali comunicativi, che riguardano il tono utilizzato nella conversazione, le espressioni facciali e i gesti.

L'empatia, viceversa, può rivelarsi una base solida e duratura sulla quale implementare un'intelligenza emotiva molto efficiente. I soggetti empatici partono dunque avvantaggiati, in quanto possiedono nel loro bagaglio a priori, capacità intuitive e sentimentali uniche, che consentono loro di trovare facilmente un equilibrio in sé stessi e nella società. Spesso questa categoria di soggetti occupa posizioni di prestigio, specialmente nel mondo del lavoro. Essere in possesso di empatia, però, non significa essere più intelligenti, se per intelligenza si considera il valore di Quoziente Intellettivo accademico. Infatti nei numerosi test svolti in vari istituti scolastici statunitensi ed europei, la correlazione tra empatia e Q.I. è relativamente bassa. È comunque possibile apprendere e affinare l'empatia anche per coloro i quali non ne possiedono completamente il controllo. L'empatia può essere vista infatti come una sorta di mimetismo sentimentale, una copia della sofferenza o dell'emozione altrui, che l'essere umano mette in pratica sin dai primi anni di vita: un bambino che vede un altro piccolo piangere, scoppierà anch'esso in lacrime, proprio a causa di un fattore empatico che consente di associare le sofferenze di entrambi.

Il sistema cerebrale, dunque, può mostrare due facce, proprio come la luna. La prima è quella visibile a tutti, rappresentata dall'empatia e dall'armonia sentimentale; la seconda, quella oscura, è invece quella della alessitimia, che invece comporta una serie di situazioni indesiderate. Tra le due parti esistono comunque una serie infinita di sfaccettature, che caratterizzano la sfera psichica dell'essere umano moderno.

L'empatia dunque riveste un ruolo primario nella vita personale, in quanto consente di rapportarsi agli altri soggetti in maniera diretta, in una sorta di collegamento telepatico creato dalle emozioni. I soggetti empatici riescono dunque a relazionarsi meglio, ad avere più amici, a possedere una relazione stabile e duratura e ad avere successo nel mondo del lavoro. Il segreto risiede proprio nella capacità altruistica implicita all'empatia. Condividere e provare le gioie e le sofferenze vissute dagli altri soggetti consente infatti di intuire in maniera immediata le necessità altrui e, soprattutto, di trovare le modalità adeguate per attenuare i dolori ed esaltare le gioie.

Spesso invece chi non possiede e non cura l'empatia percorre una strada completamente opposta nella vita. La difficoltà nel relazionarsi con sé stessi e con la società, porta i soggetti alessitimici a chiudersi sempre più in sé stessi, fino ad alienarsi completamente.

Per questo motivo i soggetti vuoti dal punto di vista empatico hanno maggiore possibilità di diventare sociopatici o molestatori. La causa sta tutta nella mancanza di altruismo, nella sensazione di non essere capiti dagli altri e nella consapevolezza di sapersi capire nemmeno da soli. Il tutto naturalmente sfocia in due emozioni: la rabbia prima, e la collera poi. La rabbia consiste in un atteggiamento costantemente rivolto alla contrarietà, ma che di per sé non presenta tratti violenti, almeno apparentemente. Se i pensieri del rabbioso vengono messi in atto, la rabbia diventa vera e propria collera, e porta a compiere azioni non accettate in una società, in quanto lesive del corpo altrui.

L'intelligenza emotiva fonda dunque le sue radici nell'empatia e nel collegamento sentimentale tra individui, ma non esclude coloro i quali non possiedono la capacità di relazionarsi. Esistono infatti vari metodi che aiutano a recuperare tracce empatiche all'interno di sé stessi, al fine di espanderle e amplificarle, fino a farle diventare basi di un nuovo percorso individuale e sociale. Solo su queste basi è inoltre poi possibile erigere il proprio Quoziente Intellettivo emotivo, in quanto la presenza dell'alessitimia non consentirebbe di avere alcun controllo delle proprie emozioni.

Capitolo 2 – L'applicazione

dell'intelligenza emotiva

L'empatia e, di conseguenza, l'intelligenza emotiva possono manifestarsi già in tenera età. Nei primissimi anni di vita, infatti, quando ancora l'educazione non ha potuto influire attraverso il processo di soppressione della mente emotiva, i bambini, specialmente i fratellini, si mostrano capaci di manifestare solidarietà emotiva. Un litigio tra due bambini può mostrare molte sfaccettature dell'intelligenza, come il controllo della rabbia, e dell'empatia nel conforto dopo la lite.

Applicare l'intelligenza emotiva al giorno d'oggi non è semplice. Il motivo principale risiede nella standardizzazione etica voluta dalle società che gradualmente e costantemente hanno indotto le persone a soffocare le proprie emozioni, almeno esternamente. Una delle società che maggiormente ha perseguito questa strada è quella giapponese, nella quale le reazioni comportamentali sono minime, nonostante gli shock ai quali vengono sottoposto i sensi. Il motivo di tale particolarità è prettamente culturale, ed è dunque da ricercare nelle credenze e nelle etnie di questo popolo.

Goleman era fermamente convinto che le emozioni potessero trasmettersi da un soggetto all'altro, solamente attraverso uno sguardo. In effetti è possibile considerare i sentimenti come contagiosi. Uno sguardo di una madre premurosa, ad esempio, può rassicurare un bambino impaurito, ma i casi di contagio sono veramente svariati. Tale contagio emotivo è possibile sempre grazie all'empatia posseduta, anche se soppressa. È come parlare di una condivisione telepatica di sentimenti, garantita anche dai giudizi posseduti nei confronti di determinate categorie di soggetti.

Dunque l'intelligenza emotiva si pone come obiettivo il controllo delle proprie emozioni e la gestione (puramente informativa) dei sentimenti altrui. Solamente coloro i quali riescono ad ottenere ottimi risultati in entrambe le specialità cerebrali considerate da Goleman le fondamenta dell'intelligenza emotiva potranno raggiungere i vertici nelle arti sociali. Infatti con il dominio dei sentimenti altrui è possibile assicurarsi posizioni di leadership, specialmente in ambito lavorativo: le situazioni potranno essere anticipate, grazie alla lettura del pensiero di alleati e concorrenti, e il tutto grazie alla semplice empatia.

Il raggiungimento di posti di vertice nelle arti sociali diviene così uno dei principali scopi che movimenta l'intera intelligenza emotiva. Avere successo nella vita è dunque uno dei metodi che consentono di realizzare più facilmente i propri sogni, di stare bene con sé stessi e con gli altri: il tutto sempre e solo grazie all'intelligenza emotiva.

Ma nello stesso modo con il quale si captano segnali emotivi dalle altre persone, ciascun soggetto invia a tutti segnali del tutto simili. Gli altri soggetti potrebbero essere ugualmente bravi ad analizzare le reazioni del nostro corpo ed intuirne i pensieri. L'abilità di un soggetto emotivamente intelligente, dunque, risiede anche nella capacità di inviare agli altri solamente i segnali giusti. Questa capacità dipende unicamente dal grado di controllo delle emozioni.

La sensazione rimane comunque quella che l'essere umano tende a copiare i sentimenti provati dagli altri. Durante un test, un soggetto ansioso potrebbe facilmente trasmettere l'ansia ad un altro soggetto, e sentirsi allo stesso tempo risollevato dalla calma altrui. Le interazioni con gli altri soggetti potrebbero essere sia positive che negative, a seconda dell'affinità con la quale essi si rapportano. Un rapporto che mostra sintonie empatiche porterà ad una relazione più forte, ad un contagio emotivo quasi totale, che aiuterà entrambi i soggetti ad affermarsi tra le arti sociali.

Nello specifico per affermarsi nelle arti sociali in maniera completa, è necessario possedere e affinare quattro capacità. La prima capacità fa riferimento all'abilità nell'organizzare dei gruppi: si tratta di una capacità che contraddistingue i cosiddetti leader che, grazie anche all'empatia, consente di sfruttare le attitudini di tutti i soggetti presenti nel gruppo a seconda del loro stato d'animo e della loro forza morale. Questa capacità dunque comporta delle responsabilità, in quanto solamente ai leader verrà richiesto di prendere le decisioni che maggiormente pesano a livello sociale e non solo individuale. La seconda capacità è invece quella di riuscire a negoziare delle soluzioni. Al giorno d'oggi il mediatore svolge uno dei ruoli più importanti al mondo: esso può persino riappacificare dei rapporti tra potenze mondiali, evitando così conflitti e casi internazionali che potrebbero avere ripercussioni sull'economia di ogni Stato del pianeta. L'abilità di stabilire dei legami personali rappresenta la quarta capacità che deve possedere un soggetto ambizioso e emotivamente intelligente. Questa capacità fa riferimento all'empatia vera e propria, in quanto attraverso essa è possibile intuire lo stato d'animo delle altre persone. Chi è in possesso di questa capacità, oltre ad essere un leader, è anche un buon amico, un ottimo partner e un affermato venditore. Infine la quarta capacità si riferisce all'abilità di analizzare in modo obiettivo e preciso l'intero scenario sociale, in modo tale da capire quali siano le problematiche morali, gli elementi motivazionali e le preoccupazioni dei soggetti. È un'abilità che si addice particolarmente agli scrittori, ma anche ai consulenti, in quanto permette di entrare nell'intimità emotiva degli altri. È una capacità che richiede la fiducia altrui, ma che, tramite la giusta empatia, può essere affinata e migliorata.

Dunque un soggetto in grado di mostrare tutte queste capacità può definirsi un leader, in grado di affermarsi a livello sociale. È necessario però non confondere l'intelligenza emotiva con l'intelligenza sociale. Una persona socialmente intelligente, ossia dotata di tutte le capacità sopra elencate e affermata nella società, può sentirsi comunque irrealizzata e, di conseguenza, infelice. Essa mostra attenzione verso le singole reazioni espressive delle altre persone, regola le proprie e tenta di tutto per intraprendere la strada migliore. In realtà però non sta seguendo il suo vero istinto, in quanto le proprie emozioni vengono comunque soppresse, anche se gestite.

Quando un uomo invece apprende tutte le nozioni basilari dell'intelligenza emotiva e le applica al meglio, gestendo al massimo le proprie emozioni e quelle altrui, si parla di vero e proprio talento emozionale.

2.2 – Il cuore e la passione guidano l'uomo

L'essere umano, in quanto animale evoluto, segue il proprio istinto. Al fine di difendere il proprio orgoglio, talvolta, un soggetto può ferire sentimentalmente anche il proprio partner. Questo rientra comunque all'interno di un concetto empatico: il soggetto che intende difendersi e che decide di passare al contrattacco conosce i punti morali più deboli del compagno, e proprio lì tenta di fare breccia.

La gestione emotiva, dunque, deve sempre tenere conto delle passioni. Un'intelligenza elevata in questo ambito potrebbe comportare un totale controllo delle proprie emozioni, che prevede organizzazione cerebrale e ordine, con grande importanza rivolta al mantenimento di una determinata espressione facciale. Il tutto è però legato alla forza con la quale una passione può travolgere un individuo.

L'istinto animale che l'essere umano ha soppresso in secoli di evoluzione, infatti, potrebbe sempre far capolino, facendo agire l'uomo seguendo il "cuore", o per meglio dire la mente sentimentale, e la passione.

Questi elementi hanno infatti da sempre caratterizzato la vita umana, guidandola nelle decisioni e sostenendola nei momenti più difficili della storia sociale ed evolutiva.

Ma la conoscenza della presenza di una modalità di gestione di tali sentimenti dovrebbe indurre gli uomini a capire quali siano i metodi più opportuni per controllare il proprio corpo e le proprie emozioni, incrementando in questo modo il proprio Quoziente Intellettivo emotivo.

Le emozioni, intese come puro istinto o pura passione, possono portare ad esempio a proferire offese verbali in grado di schernire anche la persona amata; ciò che accompagna queste offese è un linguaggio facciale altrettanto offensivo, che amplifica i concetti espressi e ingigantisce il disprezzo. Molti psichiatri hanno inoltre evidenziato che quando il rapporto di coppia è caratterizzato da numerosi scambi di questo genere, i soggetti mostrano una tendenza molto più elevata ad ammalarsi. Inoltre all'aumentare delle offese si assiste ad un incremento graduale dell'infelicità.

La società di oggi, oltre che maggiormente stressata, appare anche molto più infelice, specialmente se paragonata alla vita sociale delle famiglie del secondo dopo guerra.

Il classico botta-e-risposta che avviene tra coniugi infelici è uno dei casi peggiori di rapporto empatico. Inverosimilmente la fuga dal dibattito di uno dei due partner rappresenterebbe un caso ancora peggiore. Colui che si ritira dai dialoghi, anche se accesi, è considerato nel mondo psichiatrico un ostruzionista, che colpisce il partner con indifferenza e distacco.

I dialoghi parlati celano dei dialoghi empatici. Ciò che si vorrebbe dire o ciò che si pensa realmente non viene mai totalmente espresso, ma viene comunque fatto intuire lanciando segnali espressivi. I dibattiti celati però non fanno altro che incrementare il livello di indignazione e risentimento nella relazione di coppia, facendo innalzare la probabilità che il rapporto tenda ad una crisi. Osservare e contemplare tutti i gesti effettuati dal partner, sia positivi sia negativi, senza tenere conto solamente di questi ultimi, potrebbe indurre un soggetto ad avere meno episodi di sequestro emozionale. Si tratta dunque di effettuare un'analisi precisa e obiettiva dei comportamenti del partner, un esame utile a gettare le fondamenta di un rapporto emotivamente intelligente.

Dunque la parte della coppia considerata "pessimistica" è molto più soggetta ad andare incontro a sequestri emozionali rispetto all'altra parte. La visione di un rapporto esasperato, infatti, potrebbe provocare facili collere, con conseguente perdita del controllo, incrementando anche i casi di ostruzionismo da parte del compagno. Gli uomini, specialmente negli ultimi anni, hanno manifestato un numero di sequestri emozionali molto più elevato rispetto alle donne. Spesso questo sequestro sfocia in atti di violenza, che la donna non è in grado di denunciare alle autorità competenti per timore di subire aggressività ancora più gravi o per paura di perdere il proprio partner. Per questo motivo è bene tenere conto del ruolo del "cuore". L'amore è un sentimento che nasce non per caso e che non può trasformarsi in odio, se non quando il controllo emozionale è privo di qualsiasi freno inibitorio e quando la razionalità lascia campo aperto all'istinto più brutale. Lasciarsi guidare dal cuore, inteso come elemento positivo della mente sentimentale, è la cura migliore in questi tipi di rapporto, nei quali è fondamentale riscoprire i valori che hanno fatto nascere la coppia.

Lasciare che il cuore guidi la propria vita è importante sia in ambito amoroso che in ambito lavorativo. Un imprenditore, con pochi o molti dipendenti al di sotto, che gestisce la mente sentimentale avrà molte più probabilità di successo rispetto ad un imprenditore iroso e collerico. Molti dipendenti affermano che spesso rinunciano a denunciare problematiche interne alle mansioni svolte per timore della reazione del proprio capo: un atteggiamento di questo genere all'interno di un rapporto sociale e relazionale è da considerare negativo. Un imprenditore deve dunque ascoltare i propri dipendenti e seguire le quattro regole che stanno alla base di un rapporto emotivamente intelligente: essere preciso; offrire una soluzione; essere presente; essere sensibile.

In un gruppo sociale, come può essere un'azienda, è molto importante non solo l'intelligenza individuale, bensì stabilire un elevato Quoziente Intellettivo emotivo generale. L'empatia tra dipendenti, tra dirigenti e operai e tra ogni altro elemento interno all'impresa, può fungere da elemento trainante dell'intera società. Sfruttare l'intelligenza emotiva in questo ambito può portare a raccogliere numerosi frutti, dati dalle soddisfazioni individuali e da quelle generali. Per questo motivo è importante stabilire un'organizzazione che comporti la soddisfazione massima per ogni individuo: un soggetto che lavora meno di quanto potrebbe, ad esempio, si sentirebbe sottovalutato, rendendo sempre meno per l'azienda.

2.3 – L'uomo, la medicina e la mente: tre elementi indissolubili

La malattia rappresenta uno dei momenti in cui la mente sentimentale si mostra più fragile durante tutto l'arco della vita. Questo però sembra non avere influenza su medici e infermieri, che spesso svolgono il loro lavoro senza tener conto della sfera emotiva dei pazienti. L'annuncio di una malattia, anche grave, può infatti far crollare tutte le certezze di un soggetto, facendolo sprofondare, nei peggiori dei casi, nella depressione. La mancanza di tatto, dovuta forse ad una mancanza di empatia in ambito professionale della maggior parte degli operatori sanitari, può dunque avere conseguenze molto negative.

Anche coloro che sono dotati di intelligenza emotiva, talvolta, possono veder vacillare le certezze assodate nel tempo. La forza della mente, infatti, così come il controllo delle emozioni, possono comunque crollare dinanzi ad uno shock, o per meglio dire di fronte ad un sequestro emozionale dovuto ad un evento sconvolgente.

Allo stesso tempo molti teorici ipotizzano che alcune malattie, anche piuttosto gravi, possono essere completamente curate con la forza della mente. Secondo questi soggetti, il potere spirituale, unitamente al controllo totale delle emozioni, sarebbe in grado di superare patologie di vario genere solamente imponendosi di vivere la vita con felicità e forza.

Naturalmente l'idea di un'autoguarigione di questo genere è pressoché impossibile dal punto di vista sanitario. Ciò però non significa che la mente umana non svolga un ruolo di primo piano in ogni fase del processo di guarigione, che comunque dovrà essere gestito e seguito da un medico specializzato. Nel 1974, il Dott. Ader scoprì che il sistema immunitario è in grado di apprendere, così come lo è il sistema cerebrale. Questa scoperta, da molti male interpretata, stava a significare che in un qualsiasi caso clinico è necessario tener conto delle emozioni e della volontà del paziente. Sottovalutare questo aspetto, come molti medici attualmente fanno, per via della mancanza di tempo o dell'alienazione emotiva causata dal posto di lavoro, può provocare effetti anche molto negativi sul paziente.

L'idea di possedere un sistema immunitario capace di apprendere ha indotto molti medici ad approfondire questo aspetto clinico: lo studio portò ad una scoperta incredibile. Ad alcuni ratti da laboratorio veniva somministrato un farmaco in grado di ridurre le cosiddette cellule T, attraverso acqua contenente saccarina; alcuni di questi ratti, privati di queste cellule, morirono dopo poco tempo. Ai ratti sopravvissuti fu dunque somministrata solamente acqua con saccarina: il sistema immunitario, appreso il collegamento tra questo elemento e il farmaco, provocò immediatamente una riduzione delle cellule T, nonostante il farmaco non venisse più somministrato. Questo effetto si ripercosse non solo sul sistema cerebrale, ma anche su quello immunitario e su quello nervoso. I messaggeri chimici presenti in tutti questi sistemi, inoltre, sono i medesimi che svolgono un importante ruolo nella fase di gestione e regolazione delle emozioni. Da questo presupposto si intensificano le scoperte che vedono come protagoniste le emozioni. Queste ultime, infatti, sono in grado di influenzare la produzione di insulina all'interno del pancreas, oppure di regolarizzare la pressione del sangue e, soprattutto, di condizionare il lavoro svolto dalle sinapsi e dunque dal sistema immunitario.

Il legame tra l'essere umano, la medicina e la mente è dunque notevole. L'effetto placebo, ad esempio, viene tutt'oggi considerato come un effetto autoguarente del corpo umano, provocato dalla sola convinzione che l'assunzione di un finto farmaco possa comportare dei benefici.

I traumi, specialmente quelli subiti durante i primi anni di vita, possono divenire nel corso dell'esistenza veri e propri ostacoli, talvolta insormontabili. Tali traumi dovranno essere necessariamente affrontati da un soggetto con l'ausilio di uno specialista, in quanto i tentativi di superare il problema individualmente potrebbe comportare ulteriori peggioramenti e traumi ancor più gravi.

L'intelligenza emotiva, però, grazie alla funzione che svolge a livello cerebrale e neurologico, può comunque essere di aiuto. Nello specifico è sconsigliato evitare completamente il consulto medico, ma le probabilità di affrontare e superare il trauma con alle spalle un buon livello di intelligenza emotiva aumenteranno notevolmente. In particolare l'intelligenza emotiva richiede il possesso di sette elementi importantissimi al fine di riuscire ad andare oltre questi problemi, che potrebbero divenire nel corso della vita vere e proprie patologie.

Il primo aspetto sul quale si basa la mente emotiva è la fiducia. Essa è intesa sia nei confronti del mondo esterno sia del mondo presente all'interno di ogni essere umano. Questo aspetto riguarda dunque la fiducia verso il prossimo e l'autostima. Ogni uomo che possiede un certo grado di controllo del proprio corpo, delle proprie emozioni e del proprio comportamento, affronterà in maniera migliore il trauma, convinto di potercela fare.

Il secondo aspetto è invece quello della curiosità. L'uomo curioso è infatti in grado di porre in essere attività e azioni che nessun altro uomo è in grado di realizzare. La curiosità di affrontare il trauma sostituisce infatti gradualmente la paura, in un mix di emozioni che solo l'essere emotivamente intelligente è in grado di gestire in maniera adeguata.

L'intenzionalità rappresenta il terzo aspetto necessario per superare un trauma. È importante per un soggetto debole dal punto di vista psichiatrico capire quanto la sua azione possa essere importante, non solo per sé stessi, ma anche per gli altri. L'intenzionalità, intesa come perseveranza e volontà, però non può essere presente sin dalle prime fasi di guarigione. Essa si mostrerà man mano che il processo prosegue e risulterà fondamentale per il superamento del trauma.

Anche l'autocontrollo rientra tra gli aspetti richiesti al soggetto emotivamente intelligente. Sulla base dell'età posseduta, dell'esperienza evolutiva accumulata e del grado di intelligenza emotiva posseduta, l'autocontrollo consente di gestire le proprie azioni in maniera perfetta, evitando eventuali sequestri emozionali, che potrebbero essere provocati dal confronto con il proprio trauma. L'autocontrollo non solo gestisce le proprie emozioni, ma soprattutto gestisce le proprie azioni, in quanto solo queste ultime sono in grado di arrecare conseguenze e danni verso i terzi.

246

Il quinto aspetto è invece quello della connessione. Si tratta di un aspetto prettamente empatico, che richiede di sintonizzarsi con gli altri, ed in particolare con i familiari che stanno vicini al paziente e con gli amici in grado di sostenerlo. Mostrare le proprie emozioni può liberare l'empatia soffocata al proprio interno e può consentire di entrare in connessione con gli altri. In questo modo non solo il soggetto capirà di essere compreso, ma riuscirà finalmente a intuire di non essere solo ad affrontare il trauma e di avere tutto il sostegno di cui necessita per superarlo.

La capacità di comunicare è il sesto punto dei requisiti necessari per superare un trauma. Una volta raggiunta la connessione con gli altri, la fiducia in sé stessi aumenta in maniera davvero incredibile. A questo punto bisognerà solamente lasciare uscire tutto quello che si ha dentro, in modo tale da liberarsi di ogni peso. Per farlo è necessario rimparare a comunicare: non solo a parole, ma anche con le espressioni, con i gesti e con il pensiero. Questo aiuterà il paziente a ricevere sostegno ad esempio anche nei momenti in cui potrebbe essere impossibile comunicare a voce.

Infine il settimo e ultimo aspetto fa riferimento alla capacità di cooperare. Infatti, nonostante si stia attraversando un delicato processo di guarigione da un trauma, non bisogna mai dimenticare che esistono anche le altre persone, ognuna delle quali è costretta ad affrontare i propri problemi quotidiani, piccoli o grandi che siano. Per questo motivo è comunque importante non trascurare tutto ciò che non riguarda il trauma ed è necessario essere sempre pronti a collaborare con gli altri, per aiutarli a vivere la vita più semplicemente. Collaborare può anche essere d'aiuto per impedire di focalizzare il proprio pensiero solamente sul proprio trauma, durante l'intero intervallo clinico, e consente allo stesso tempo di portare avanti il processo di armonizzazione con sé stessi e con il resto del mondo.

2.4.1 – Affrontare le proprie paure affidandosi alle emozioni

La terapia psichica ha lo scopo di ripristinare nel paziente le normali reazioni emotive, che il trauma aveva in qualche modo cancellato dal sistema cerebrale. Per farlo è però necessario tentare di riabituare, in maniera graduale, tutti i circuiti che regolano la trasmissione delle emozioni. La psicoterapia, dunque, deve essere concepita non come qualcosa di negativo, ma solamente come un trattamento non invasivo in grado di riportare il soggetto sulla strada giusta, ossia quella rappresentata dalle emozioni e dall'intelligenza emotiva.

I traumi, infatti, riescono a rimanere radicati per molti anni nel sistema cerebrale, impedendo e interferendo sull'apprendimento delle successive emozioni. Il rischio più grande è quello di vedere inceppato il processo che regola la memoria. La soluzione, anche in questo caso, dipende in particolare dall'amigdala. La paura, a seconda del livello di trauma subito, è in grado di condizionare anche le cose più innocue. Queste infatti potrebbero essere associate all'evento traumatico, complicando persino la riuscita dell'intero processo terapeutico. Il trauma può essere alleggerito da eventi successivi in grado di attenuare la paura verso una determinata cosa o situazione. L'esempio più classico è quello di un bambino inseguito da un cane feroce, che nel tempo può allontanare la paura dovuta al trauma avendo a che fare con cani docili e affettuosi. Solamente un apprendimento attivo, dovuto dunque all'esperienza e alla tenacia, può consentire una riregolarizzazione del sistema emotivo; viceversa si rischia che il trauma rimanga radicato in profondità, ampliando ad esempio la paura nutrita nei confronti dei cani anche verso altri animali, persino quelli più miti. Dunque liberarsi dalle catene emotive imposte dai traumi potrebbe essere solamente una questione di tempo, ma non sempre è così.

I bambini, in particolare, possiedono una gestione del trauma completamente differente rispetto a quella messa in atto dai soggetti adulti. Essi infatti tentano di ripercorrere i traumi subiti, come le violenze fisiche o i rapimenti, attraverso il gioco, raggiungendo in esso quasi sempre un lieto fine. I soggetti adulti, invece, tendono ad evitare completamente l'argomento traumatico, come se fosse un fatto estraneo alla propria sfera personale.

Quest'ultimo atteggiamento è però sbagliato: il trauma tenderà a radicalizzarsi sempre più, amplificando gli effetti e aumentando i rischi di incappare in sequestri emotivi. Solamente affrontando le paure è dunque possibile parlare di guarigione completa: questo processo però può essere messo in atto solamente nel momento in cui si possiede un bagaglio emotivo sufficiente a monitorare le singole reazioni.

La tenacia rappresenta dunque uno degli elementi più importanti per un essere umano, specialmente per coloro i quali hanno dovuto affrontare momenti della vita molto complicati. Una volta alterate le reazioni emotive, infatti, risulta molto difficile e arduo riportare l'amigdala alle sue normali funzioni. Ma la tenacia è importante anche al di fuori dei traumi.

Molti bambini, ad esempio, possono apparire reticenti a qualsiasi evento effettuato al di fuori dagli ambienti familiari. Questi soggetti, una volta divenuti adulti, potrebbero mantenere questo stato di reticenza, rifiutando di allontanarsi dalle mura di casa e attirandosi in maniera continua sensi di colpa e rimorsi. Il problema principale per queste persone diventa così lo stato di ansia. Questa, viene talvolta considerata come una vera e propria patologia, che può essere superata solamente mediante un processo psicoterapeutico, supportato da una buona dose di forza di volontà e da una costante tenacia. Solo in questo modo, infatti, è possibile ribaltare il destino: se la natura di un uomo, sin dalla sua nascita, è quella di essere restio a qualsiasi novità, non è detto che questa tendenza debba essere mantenuta nell'arco dell'intera esistenza. L'uomo, con gli aiuti adeguati, ha la possibilità di modificare, o per meglio dire di migliorare, il proprio carattere. Questo altro non è che l'applicazione dell'intelligenza emotiva, nel suo senso più stretto di gestione e controllo delle emozioni, comprese quelle che

caratterizzato la personalità di un soggetto.
Un uomo timido e reticente non riuscirà
mai ad affermarsi nelle arti sociali e non
potrà godere del successo al quale ambisce,
proprio in quanto incapace di manifestare il
proprio valore davanti agli altri.

Capitolo 3 – La gestione delle emozioni

Una delle problematiche più gravi che
affligge alcuni soggetti è l'analfabetismo

emozionale. Non si tratta dunque di semplice incapacità di gestione dei propri sentimenti, ma di un problema ben più radicato nel sistema reattivo umano. Ma più che un problema individuale ciò a cui si sta assistendo negli ultimi decenni è una vera e propria problematica sociale.

La gestione delle emozioni sta alla base di una società considerata, sotto questo aspetto, intelligente e allo stesso tempo matura: il livello di tale maturità deve essere misurato non solo tenendo conto del comportamento di anziani e adulti, ma anche di bambini e adolescenti, che più di ogni altro soggetto possono tendere al sequestro emotivo.

Il malessere emozionale sociale ha portato ad una incidenza depressiva sempre più forte, specialmente nelle aree metropolitane e nei quartieri più malfamati delle più importanti città statunitensi ed europee. Gli adolescenti appartenenti alla società moderna mostrano insofferenze emotive comuni. La principale problematica riguarda la chiusura in sé stessi: la mancanza di una comunicazione costante non consente mai un'evoluzione idonea e adeguata, bensì diviene causa di problematiche sempre più gravi. Questa mancanza però non è da imputare ai soli adolescenti, ma anche a coloro che non possiedono né il tempo né la voglia di ascoltarli. Sotto questo aspetto la mancanza di comunicazione e la chiusura in sé stessi diventa una conseguenza relativa alla frenesia tipica della società moderna. Una seconda problematica è la diffusione sempre più elevata di stati d'animo depressivi e ansiosi. Anche in questo caso è la società che può essere colpevolizzata. Le persone per sentirsi apprezzate, per sentirsi amate o solamente per sentirsi accettate vanno alla costante ricerca della perfezione, almeno apparente, che non potrà comunque mai essere raggiunta. Il mancato raggiungimento diviene appunto la causa di tale ansia, che sfocia spesso in atteggiamenti depressivi. L'uomo moderno può dunque essere definito come un essere stressato, stanco e perennemente incompreso, che tende sempre verso obiettivi irreali e irraggiungibili, solamente per il benessere apparente. Ciò che scaturisce da questo scenario rappresenta la terza problematica adolescenziale della società moderna: la mancanza di riflessione e la mancanza di attenzione. La prima conseguenza di questa questione è riscontrabile nei risultati scolastici, sempre più scadenti. L'attenzione è infatti focalizzata su altre tematiche ed ogni distrazione diventa buona pur di non riflettere su un determinato argomento scolastico. L'utilizzo degli smartphone all'interno degli istituti scolastici è diventato l'emblema di questa problematica, che potrebbe portare ad una società futura disattenta e impreparata. Infine la quarta problematica fa riferimento alla vera e propria mancanza dell'intelligenza emotiva: i casi di aggressione e violenza. L'essere umano, a qualunque età, tende sempre a prevalere sugli altri e per farlo, talvolta, è disposto a pagare qualsiasi prezzo. I ragazzi dunque assumono atteggiamenti violenti e cattivi nei confronti degli altri solamente per imporre la propria superiorità, pensano che il loro modo di fare sia il migliore, si mostrano testardi e non disposti al dialogo.

Una società che presenta tutti questi problemi è considerata emotivamente tossica, con soggetti sempre più incapaci di gestire le emozioni e di seguire la via amorevole. L'aggressività è una conseguenza quasi scontata di un mondo costantemente sull'orlo di un sequestro emozionale. Per questo motivo è necessario implementare un sistema scolastico in grado di insegnare ai ragazzi come gestire e controllare le proprie emozioni, al fine di costruire un futuro emotivamente e omogeneamente intelligente.

Per capire come sia possibile controllare e gestire i propri sentimenti è necessario intuire quale sia effettivamente l'elemento che sta alla base dell'intelligenza emotiva. L'emozione non deve essere intesa come un qualcosa di astratto che circola casualmente all'interno del sistema cerebrale, bensì come una conseguenza dei rapporti che si hanno con l'ambiente esterno, che comprende natura e altri soggetti. Un paesaggio bellissimo può suscitare un'emozione nello stesso modo in cui la suscita la persona amata: il processo di percezione del sentimento è il medesimo, anche se ciò che si prova all'interno della mente è differente.

Ciò che contraddistingue l'emozione è l'istinto che porta all'azione. Per anni molti psicologi, neurologi e psichiatri di tutto il mondo hanno tentato di realizzare una graduatoria delle emozioni, distinguendo quelle primarie da quelle secondarie. Tale classifica ha portato a dei risultati più o meno attendibili, che vedono in primo piano l'amore, la paura, la collera, la felicità, la tristezza, la sorpresa e il disgusto, ma esiste un'infinita serie di sfaccettature di cui si è deciso di tenere meno conto. In realtà un sentimento come la gelosia non può essere messo in secondo piano, così come la vergogna. Gli impulsi inviati da queste emozioni sono equiparabili a quelli inviati dai sentimenti precedentemente elencati.

A prescindere dalla loro importanza è comunque necessario capire che le emozioni generano conseguenze percepibili in tutto il corpo, influenzando ad esempio gli stati d'animo.

3.2 – Categorizzare i propri sentimenti come punto primario dell'intelligenza emotiva

Una volta percepita un'emozione questa deve essere categorizzata, ossia associata ad un determinato genere, in modo tale da poterla monitorare e gestire con maggiore facilità. Questo passaggio però non è immediato come potrebbe apparire. Il riconoscimento di un'emozione può essere confuso, o comunque sconnesso a causa di una serie di fattori. La prima su tutte è l'errata percezione di ciò che si vuole: ogni emozione viene infatti scomposta ed assegnata ad un genere utilizzando solamente la mente razionale.

Per svolgere al meglio questa attività intellettiva è dunque necessario esprimere ad alta voce ciò che si prova in un determinato momento, in modo tale da analizzarlo ed esaminarlo, magari con l'aiuto di specialisti del caso. È bene affinare tale procedimento fino a quando il riconoscimento emotivo e la categorizzazione avvengono in maniera automatica e, soprattutto, in maniera corretta. L'apprendimento del processo di categorizzazione risulta più efficace nei primi anni di età fino all'adolescenza. Proprio per questo motivo sarebbe utile implementare una scuola basata sull'analisi delle emozioni.

Istituti di questo genere esistono già in vari luoghi del pianeta, generalmente nelle aree all'interno delle quali i ragazzi devono affrontare quotidianamente realtà sociali molto complicate. In queste scuole vengono dedicate delle ore allo studio della competenza sociale, in modo tale da approfondire ciò che avviene nel mondo esterno e categorizzarlo, nel bene o nel male. Indirizzare gli adolescenti verso attività benefiche ed oneste piuttosto che allo spaccio e alla delinquenza è un primo passo molto importante che può essere ricondotto alla categorizzazione emotiva. Lo scopo di questi istituti è proprio quello di escludere che il futuro possa essere associato esclusivamente a forme di analfabetismo emotivo, ossia ad un futuro caratterizzato da violenza, depressione e ignoranza.

3.2.1 – Come riconoscere le proprie emozioni

Una volta ottenuto un buon livello di alfabetizzazione emotiva, i sentimenti potranno essere riconosciuti, al fine di analizzarli ulteriormente. L'intelligenza emotiva punta sul fatto che le emozioni debbano infatti essere ascoltate, per poterne trarne i massimi benefici. Seguire la mente sentimentale può condurre un soggetto ad ottenere ottimi risultati in ambito sociale e sotto l'aspetto individuale.

Una stessa emozione è infatti capace di portare a conseguenze differenti a seconda della persona che la prova o addirittura a seconda del giorno in cui la medesima persona la percepisce. Sentirsi frustrati ad esempio può provocare stanchezza, ma anche confusione, ansia o addirittura esasperazione. A sua volta ogni percezione può portare ad altre conseguenze, in un processo graduale e costante.

Un altro passaggio importante è invece l'esternazione espressiva del sentimento appena percepito. Come detto in precedenza tale passaggio è prettamente istintivo e dovuto alle singole reazioni personali. Un analfabeta emotivo, però, può esprimere, e quindi mostrare, atteggiamenti facciali e gestuali differenti da quelli definiti standard. Disgusto può essere scambiato per paura, collera per infelicità: la confusione e l'ignoranza emotiva però non si manifestano solamente all'esterno, ma causano problematiche soprattutto interiormente al soggetto.

3.3 – Cosa comporta il cosiddetto analfabetismo emozionale

L'analfabeta emotivo, mancando completamente di empatia, mostra notevoli difficoltà anche nel riconoscimento dei sentimenti altrui. Questo potrebbe generare equivoci talvolta fatali, a seconda del caso e del momento nel quale ci si trova. La conseguenza più ovvia di queste futili incomprensioni sono infatti gli omicidi, generalmente preceduti da un sequestro emozionale totale.

Spesso i soggetti privi di un qualsiasi tipo di conoscenza dei sentimenti percepiti non mostrano segni di alterazione fino al momento dell'equivoco o del sequestro emotivo. La motivazione principale deve essere ricercata proprio nella mancanza di comunicazione del soggetto che, non esternando le proprie difficoltà e le proprie problematiche, non è in grado di intuire la propria anomalia cerebrale. Questi soggetti dunque assistono inermi ad una vera e propria deriva interiore, che passa in maniera graduale dall'insicurezza al sentirsi incompresi, dalla depressione al crimine, fino all'atto lesivo che provoca l'attrazione dell'attenzione generale su di sé.

Altre volte invece le difficoltà nell'apprendimento emotivo vengono mostrate sin dai primi anni di età. I bambini vivaci e incontrollabili avranno in alcuni casi un futuro tendenzialmente rivolto al mondo del crimine. La gestione delle emozioni deve essere imposta già da queste fasi, in modo tale da garantire loro un corretto e adeguato monitoraggio dei sentimenti, ma non sempre questo avviene in modo tempestivo. La problematica non riguarda solamente bambini e adolescenti che versano in situazioni svantaggiate, ma può essere ricondotta a qualsiasi bambino, di qualunque area del pianeta, a prescindere dalla classe sociale e dalla ricchezza posseduta.

La strada segnata per i bambini che, per vari motivi, non hanno potuto ottenere ausili da specialisti nel controllo delle emozioni, porta direttamente ad una fase depressiva, più o meno forte a seconda dei casi. Se nei decenni precedenti la depressione era frutto della noia e delle ripercussioni post belliche e riguardava specialmente gli adulti in età avanzata, negli ultimi anni i dati riferiscono di un'elevata incidenza depressiva in età adolescenziale e giovanile. Questa incidenza è data in particolar modo dalla difficoltà che possiedono i ragazzi nel rapportarsi con il resto del mondo e dall'impossibilità di realizzarsi, specialmente in certi ambienti.

È molto importante, dunque, dedicare parte del tempo dei giovani non solo alla pratica degli sport, ma anche ad attività che riducano notevolmente le probabilità di incorrere in depressioni di vari generi, come ad esempio le attività culturali o i viaggi. La prevenzione è uno dei pochi potenziali metodi in grado di ridurre questa piaga che affligge la società del nuovo secolo.

Talvolta queste depressioni possono addirittura trasformarsi in gravi problematiche nutrizionali, come ad esempio i disturbi del comportamento alimentare. Il senso di abbandono e di isolamento e l'incapacità di gestire le proprie emozioni nelle persone più fragili possono quindi ripercuotersi sull'alimentazione, come atti lesivi effettuati sul proprio corpo.

Un'altra conseguenza dell'analfabetismo emotivo è sicuramente la tossicodipendenza. L'utilizzo di droghe viene infatti descritto come una fuga dal mondo verso il quale si nutre un odio sempre più profondo. Ma la tossicodipendenza non fa altro che incrementare questa avversità, facendo entrare il soggetto in un circolo vizioso dal quale trovare la via d'uscita risulta molto complicato.

L'amicizia, l'amore e la vicinanza dei parenti rappresentano la base sulla quale erigere la propria intelligenza emotiva, che deve essere nutrita da tenacia e forza di volontà. Talvolta anche questi valori non sono sufficienti per riuscire a superare le conseguenze dell'analfabetismo emotivo, e diventa necessario l'intervento di un esperto.

Conclusioni

L'intelligenza emotiva può dunque essere immaginata come l'intelligenza del futuro. A partire dagli studi effettuati da Goleman, l'intelligenza emotiva ha subito una serie di processi evolutivi al fine di adattarsi in maniera perfetta al mondo attuale. Il mondo lavorativo e le arti sociali richiedono sempre più soggetti dotati di una capacità di gestione delle emozioni, le scuole stanno man mano implementando sistemi istruttivi per approfondire le competenze sociali e vengono portati avanti vari progetti per informare i soggetti dell'esistenza di questo genere di intelligenza.

Ma la capacità di gestire le emozioni diventa fondamentale anche per scampare ad alcune situazioni che tutt'oggi rappresentano la realtà per molti soggetti. L'analfabetismo emozionale è infatti considerato la principale causa di problematiche, quali l'ansia, la depressione, la tossicodipendenza e i disturbi alimentari.

L'intelligenza emotiva viene imposta da molti specialisti per superare eventuali traumi subiti in età infantile o adolescenziali. Queste lesioni sentimentali, oltreché fisiche, possono provocare conseguenze negative durante l'intero arco della vita. Superarle è comunque possibile, ma richiede grande forza di volontà e l'aiuto di tutte le persone vicine.

Emblema dell'intelligenza emotiva è l'empatia, che consente di interconnettersi, quasi in maniera telepatica, con gli altri soggetti. Questo valore può essere innato o può essere coltivato negli anni, permettendo di conoscere in maniera migliore le emozioni altrui, oltreché le proprie.